Lothar von Seltmann

Dora – die Tochter des Bischofs

Lothar von Seltmann

Dora – die Tochter des Bischofs

Das spannende Leben der Dora Rappard

BRUNNEN
VERLAG GIESSEN · BASEL

Zitate aus der Bibel sind einer Ausgabe
der Luther-Bibel von 1732 entnommen.

Der Verlag dankt Herrn Klaus Haag für seine fachkundige
Begleitung und Beratung beim Entstehen dieses Buches.

2. Auflage 2005

www.brunnen-verlag.de
Umschlagbilder: »Young Girl« von Helen Allingham;
Bridgeman Giraudon, Berlin / Landschaftsbild; Photodisc
Umschlaggestaltung: Ralf Simon
Satz: DTP Brunnen
Druck: GGP Media GmbH, Pößneck
ISBN 3-7655-1913-8

Inhalt

Bangen um Dorchen

Es war im frühen Herbst 1844. Am Morgen hatte Nebel das Vorland im Berner Jura wie eine dicke, weiche, weiße Decke verhüllt. Aber jetzt schien die Sonne warm vom wolkenlosen Himmel. Es war herrlich zu verfolgen, wie der Blick über das Tal allmählich freier und weiter wurde und Napf und Pilatus jenseits des Flusses Aare ihre markanten Silhouetten wieder sehen ließen. Ein über mehrere Tage wiederkehrendes tägliches Schauspiel für die Menschen in den höher gelegenen Häusern von Wiedlisbach, einem kleinen und beschaulichen Dorf am Weißenstein. Die Häuser im unteren Teil des Dorfes verschwanden über Nacht meist im Nebel, um gegen Mittag wieder sichtbar zu werden. Dann meldeten sich auch die Vögel zu einem späten Konzert zurück, sangen und turnten in den bunt gefärbten Kronen von Ahorn, Eiche, Birke und Buche.

Es war ideales Wetter für die Bauern und ihr Gesinde, um das letzte Obst zu ernten, das reichlich an den Bäumen gereift war, um auf den vereinzelten kleinen Feldern Spätkartoffeln und Rüben auszugraben und diese Ernte in die Erdkeller am Hang oder in die Gewölbekeller der Häuser einzulagern, ohne sich dabei wie in nassen Jahren die Hände besonders schmutzig zu machen. Das Vieh – Kühe, Pferde, Schafe und Ziegen – konnte noch draußen sein und fand auf den Wiesen an den hoch aufsteigenden Hängen genug zu fressen. Das schonte die im Sommer angelegten Wintervorräte, die in anderen Jahren um die Monatswende vom September zum Oktober bereits angebrochen werden mussten.

Auch die Kinder des Dorfes hatten ihre Freude bei dem herrlichen Wetter. Sie konnten sich in der warmen Herbstsonne auf den Höfen und in den Gärten vergnügen, wenn sie den Eltern und Großeltern nicht bei irgendeiner Arbeit helfen mussten.

Benoni und seine Schwester Hanna bauten mit Hölzchen und Stöckchen im Hof ihres »Rikli-Hus«. Die beiden hätten eigentlich auf ihre kleine Schwester Dora aufpassen sollen. Die aber hatte es vorgezogen, bei der Mutter im Haus zu bleiben und die Wiege zu schaukeln, in der seit ein paar Tagen Maria ihren Platz hatte, die Jüngste der Gobat-Kinder. Die Mutter, Maria Gobat, geborene Zeller, saß mit einem Strickzeug am Fenster der niedrigen Stube und hatte für die Schönheiten dieses Tages keinen Blick. Sie wusste nicht so recht, ob sie sich freuen sollte über ihr offenbar zufrieden schlafendes Töchterlein oder ob sie sich Gedanken über ihre Zweijährige machen sollte, die die Wiege gar nicht schaukelte und deren Aussehen und Verhalten ihr überhaupt nicht gefielen. Irgendetwas stimmte mit dem Kind nicht. Dora sprang doch sonst beinahe unentwegt herum, und ihr Mündchen stand selten still. Aber heute ... Nein, das war nicht gut, wie die Kleine sich gab. Die Mutter machte sich ernsthaft Sorgen. Wenn doch nur ihr Mann bald zurückkäme.

Samuel Gobat, der hochgewachsene, gutaussehende Vater der Kinderschar und Missionar der »Englisch-Kirchlichen Missionsgesellschaft« in London, war nach einer schweren Erkrankung zur Erholung für einen längeren Heimaturlaub in die Schweiz zurückgekehrt und gerade mit einem jungen Freund aus dem Dorf zu geistlichen Diensten und Missionsvorträgen in verschiedenen Orten im Jura unterwegs. Auf seiner Rundreise wollte er noch für einen Tag in seinem Heimatdorf Crémines auf der anderen Seite des Gebirgskamms Station machen, ehe er nach Wiedlisbach zurückkehrte. Morgen müsste er eigentlich kommen, aber es würde sicher später Nachmittag. Der Weg von Crémines über den Weißenberg war anstrengend, selbst wenn man ihn mit einem guten Reittier zurücklegte.

Der geliebte Mann ließ also noch auf sich warten. Dafür kam Anni Rikli von Wangen an der Aare die wenigen Kilometer herüber, um Maria Gobat auch nach den Kindbetttagen im

Haushalt und bei der Versorgung der Kinder für ein paar Stunden zur Hand zu gehen. Annis Eltern hatten der Familie Gobat vor etwa zwei Jahren das hübsche, geräumige Haus mit dem roten Türmchen besorgt und für sie gemietet, weshalb es auch »Rikli-Hus« genannt wurde. Anni war nicht verheiratet. Gerne hatte sie sich bereit erklärt, den Freunden ihrer Familie als Hilfe zu dienen. Inzwischen hatte sich zwischen den beiden Frauen etwa gleichen Alters auch eine Freundschaft entwickelt.

Als Anni die Stube betrat, hatte die Mutter ihren Säugling gerade angelegt und streichelte der Kleinen mit einem Finger die Wange. Die kleine Maria trank gut, aber das Gesicht der großen Maria schien sehr besorgt. Auf Annis Frage deutete sie nur stumm mit dem Kopf auf Dora.

Jetzt erst fiel der Freundin auf, dass mit Klein-Dora etwas nicht stimmte. Wenn sie an den vergangenen Tagen hereingekommen war, war das Mädchen ihr immer gleich jauchzend entgegengesprungen. Heute saß es still, nein, lag es auf dem Boden und reagierte überhaupt nicht auf den lieben Ankömmling, hielt nur wie abwesend sein Stoffpüppchen in den Ärmchen.

»Was ist mit ihr?«, fragte Anni besorgt.

»Wenn ich das wüsste«, gab Maria mit einem Seufzer zurück. »Dora sollte eigentlich bei den Geschwistern draußen sein, solange das Wetter so schön ist. Gestern war sie das auch noch. Aber heute wollte sie unbedingt im Haus bleiben. Ich versteh's nicht. Sie hat auch heute Mittag kaum etwas gegessen.«

»Sie sieht so grau und müde aus, und die Flecken im Gesichtchen bedeuten auch nichts Gutes«, bemerkte Anni, beugte sich zu dem Mädchen hinunter und fühlte ihr Wangen und Stirn. »Doralein, was ist mit dir? Magst du nicht, dass ich da bin?« Die Kleine schaute sie nur mit einem glasigen Blick an. »Das Kind hat Fieber, Maria. Ihr Gesicht ist richtig heiß. Ich sollte Dora ins Bett legen und ihr Waden- und Fußwickel machen.«

»Leg sie doch erst einmal auf die Liege hier. Dann sind wir

in ihrer Nähe. Und mach ihr einen Tee. Kräuter sind noch in der Küche, Anserine, Lavendel, Melisse und anderes. Das Wasser im Kessel könnte noch ein wenig warm sein.«

Anni band sich ihre Schürze um und machte sich sofort an die Arbeit. Das Kind ließ es sich gefallen, dass die Frau es auf die Liege bettete und mit einer Decke zudeckte. »Is kalt. Mamá rum is?«, hauchte es nur.

Anni Rikli strich ihr beruhigend über die Wange. »Deine Mamá gibt deinem Schwesterchen zu trinken. Wenn sie fertig ist, kommt sie zu dir.«

»Will auch trinken«, hauchte die Kleine.

»Du bekommst gleich einen Tee. Der tut dir gut. Nun sag mir, tut dir was weh?«

»Kopf tut weh«, bestätigte Dora mit schwacher Stimme.

»Hast du dich vielleicht beim Spielen gestoßen?«, forschte Anni. »Oder wovon tut dir der Kopf weh?«

»Weiß nicht. Nicht gestoßen«, gab die Kleine Auskunft und schloss die Augen. »Will trinken.«

»Nur ein paar Minuten, Kleines, dann bekommst du zu trinken. Ich gehe rasch in die Küche und mache dir einen guten Tee«, streichelte Anni dem Mädchen noch einmal beruhigend die heißen Wangen. »Bald ist deine Mamá auch mit Maria fertig, und dann kommt sie zu dir.«

Wenige Minuten später war die kleine Maria satt. Nach einem Bäuerchen legte die Mutter das Baby wieder in die Wiege. Das Wickeln verschob sie auf später und setzte sich jetzt erst einmal zu ihrem kranken Kind. »Was hast du nur, mein Dorchen? Woher kommen die Kopfschmerzen und das Fieber?«

»Weiß nicht«, hauchte die Kleine wieder nur und: »Kopf tut weh«, und: »Will trinken.«

Dann kam Anni aus der Küche mit ein paar Tüchern, einer Schüssel mit lauwarmem Wasser für die Wickel und dem Becher Tee.

Maria flößte dem Kind den Tee ein, während Anni die

Wadenwickel vorbereitete und anlegte. »Wir müssen beten, dass Gott sich erbarmt«, meinte sie dabei leise.

»Das tue ich schon die ganze Zeit«, sagte die gequälte Mutter leise. »Auch darum, dass der Vater morgen wirklich kommt. Der wird einen schönen Schrecken bekommen.«

»Und wird sicher nach dem Arzt schicken. Ich denke, der muss kommen.«

»Kannst du heute Nacht hier bleiben?«, fragte Maria Gobat ihre Freundin und schaute sie bittend an.

»Ja, ich lasse dich jetzt nicht mit den Kindern allein.«

Maria nahm die Zusage erleichtert und dankbar an.

Wie gut, dass die beiden größeren Kinder draußen friedlich spielten, auch ohne dass sie beaufsichtigt wurden. Sie machten selten irgendwelche Dummheiten, die den Eltern nicht gefallen hätten. Auch später im Haus blieben sie friedlich. Die Mutter ermahnte sie beim Hereinkommen sofort mit dem Hinweis auf ihre kranke Schwester, nicht ohne an den Vater zu erinnern, dem sie morgen gerne nur Gutes von seinen beiden großen Kindern erzählen wollte. Der Vater konnte sehr streng werden, wenn er über die Zeit seiner Abwesenheit anderes hörte.

Nach dem Abendessen blieben die beiden Frauen mit Benoni und Hanna noch für ein paar Minuten am Tisch sitzen, während Dora in der Stube ohnmachtsähnlich, dabei aber sehr unruhig schlief. Auch das Neugeborene schlief noch seiner nächsten Stillzeit entgegen. Maria Gobat las mit gedämpfter Stimme, als dürfe sie die kleinen Kinder nicht wecken, aus dem neunten Kapitel des Matthäusevangeliums die Geschichte vom Töchterlein des Jairus, von dem die Leute schon angenommen hatten, es sei gestorben, dabei lag es nach der Aussage des Herrn Jesus nur in einem tiefen Schlaf, aus dem er es dann aufweckte. Wenn es doch mit Dora nur auch so ginge!

Aus tiefer Not heraus beteten die beiden Frauen darum, dass der Heiland und Arzt des Leibes und der Seele sich doch über das Kind erbarmen möge. Die beiden Kinder schlossen in ihrer

Weise ihre Gebete an. Danach sangen die vier Menschen am Küchentisch die drei Strophen des Liedes von der Geborgenheit der Schäflein Jesu. Maria war sehr musikalisch. Mit ihrer wunderschönen Stimme hatte sie dieses Lied einst singen und lieben gelernt, als sie in ihren Mädchenjahren in einem herrnhutischen Pensionat in Le Locle im schweizerischen Kanton Neuchâtel ausgebildet worden war. Als Mutter hatte sie dieses schöne Lied dann ihren Kindern beigebracht, und sie sangen es gemeinsam immer wieder gerne:

»Weil ich Jesu Schäflein bin,
freu ich mich nur immerhin
über meinen guten Hirten,
der mich wohl weiß zu bewirten,
der mich liebet, der mich kennt
und bei meinem Namen nennt.

Unter seinem sanften Stab
geh ich ein und aus und hab
unaussprechlich süße Weide,
dass ich keinen Mangel leide;
und sooft ich durstig bin,
führt er mich zum Brunnquell hin.

Sollt ich denn nicht fröhlich sein,
ich beglücktes Schäfelein?
Denn nach diesen schönen Tagen
werd ich endlich heimgetragen
in des Hirten Arm und Schoß:
Amen, ja mein Glück ist groß.«

»Das möge unser guter Gott verhindern, dass ich das bei Dorchen nun auch erlebe, was ich bei unserer kleinen Sophie habe ertragen müssen«, seufzte Maria leise auf.

»Das war sicher sehr schlimm für dich damals«, meinte Anni teilnahmsvoll.

»Das Schlimmste war, dass wir das Mädelchen in ägyptischer Erde begraben mussten und ich kein Grab habe, an dem ich seiner ab und zu mit ein paar Blümchen und einem stillen Gebet gedenken kann. – Wenn doch nur der Vater nach Hause käme!«

Anni versuchte ihre Freundin von den traurigen Erinnerungen an ihr erstes Kind abzulenken: »Gott merkt auf die Stimme unseres Flehens. Das sagt schon der Psalmist, und der hat es erfahren. Ich bin darin auch ganz sicher, Maria. Ich bringe jetzt die Kinder ins Bett. Du kannst dann in Ruhe Mariechen stillen. Später erneuere ich die Wickel bei Dora.«

Tatsächlich ließ die kleine Maria sich aus dem Wohnzimmer hören.

Als hätte er es geahnt, dass zu Hause in Wiedlisbach seine Anwesenheit ersehnt und erbeten worden war, hatte sich Samuel Gobat mit Ueli, dem Bauernsohn und Freund der Mission aus dem Dorf, sehr früh am Morgen in Crémines auf den Weg gemacht, um möglichst um die Mittagszeit zu Hause anzukommen. Die Pferde waren zügig ausgeschritten und hatten den nicht ganz leichten Weg über den Weißenstein mit Bravour genommen.

Am Haus angekommen, überließ Samuel Gobat sein Reittier dem Gefährten, der es in den heimischen Stall führte. Maria Gobat flog ihrem Mann entgegen, um in seinen Armen sofort in heftiges Schluchzen auszubrechen.

»Maria, was ist los? Warum die Tränen? Freust du dich nicht ...?«

»Es ist was mit Dorchen ...«

Der Mann erschrak heftig. »Was ist mit Dorchen?«

»Komm schnell und sieh selbst«, zog die Dreißigjährige ihren um vierzehn Jahre älteren Mann hinter sich her ins Haus. Hier erschrak der Vater tief, als er seine Zweitjüngste in einem jämmerlichen Zustand auf der Liege in der Stube liegen sah, nicht fähig, ihrem Vater die Ärmchen entgegenzustrecken oder sonst auf sein Heimkommen zu reagieren. Nur für einen Moment schaute sie aus glasigen Augen irgendwohin ins Nichts.

»Das ist ja schrecklich. Was könnte das sein? Erzähl, mein Liebes. Was ist gewesen?«, bat der Vater seine Frau.

Maria berichtete mit knappen Sätzen, wie sich Dora vor etwa vierundzwanzig Stunden sehr rasch immer mehr verändert habe und sich seit dem Abend in diesem Zustand befinde.

»Wir brauchen einen Arzt. Ganz dringend«, stellte Samuel Gobat fest. Er hatte äußerlich seine Ruhe wieder gefunden. »Ich vermute eine Gehirnentzündung*, so wie das Kind da liegt und sein Köpfchen hält. Ich bitte Ueli, dass er sofort nach Solothurn reitet, um den Arzt zu holen. In vier Stunden könnte der hier sein.«

»Und was machen wir bis dahin?« Maria schien am Ende ihrer Kräfte.

»Beten und Warten, meine Liebe«, sagte Samuel leise und fragte im selben Atemzug nach Benoni und Hanna. »Ich habe die beiden mit Anni spazieren geschickt. Sie sollen das gute Wetter noch nutzen, ehe es in den nächsten Tagen zu Ende geht mit der späten Sonne«, erklärte Maria.

»Schön, dass Anni Rikli dir beisteht«, freute sich der Mann im Hinausgehen. Er wollte keine Zeit verlieren und seinen jungen Missionsfreund schnell auf den Weg schicken. »Nachher beten wir, wenn ich zurück bin«, rief er über die Schulter seiner Frau noch zu und war dann schnellen Fußes unterwegs, damit Ueli sich bald auf den Weg machte.

Später lagen die beiden Eltern am Bett ihres Kindes auf den Knien, um den allmächtigen Gott und Vater im Himmel um sein Erbarmen zu bitten. Er möge es doch gnädig verhindern,

* heute: Hirnhautentzündung

ihnen nach der kleinen Sophie zum zweiten Mal ein Kind zu nehmen. Er allein sei doch der rechte Arzt, und er könne es schenken, dass der irdische Arzt käme, um helfenden Rat zu geben. Dennoch, Doras Leben sei und bleibe ganz in seinen Händen. Wie er es mache, sei es gut und richtig. Wieder einmal beteten die beiden das Gebet, das Marias Vater vor einigen Jahren geschrieben hatte:

»Treuer Heiland, wir sind hier
in der Andacht Stille;
unsere Sinnen und Begier
lenke sanft dein Wille.
Deines Wortes heller Schein
strahl in unser Herz hinein,
uns mit Licht erfülle ...

Zeige deines Wortes Kraft
an uns armen Wesen;
zeige, wie es neu uns schafft,
Kranke macht genesen.
Jesu, dein allmächtig Wort
fahr in uns zu wirken fort,
bis wir ganz genesen.

O wie selig ist es, dir
kindlich zu vertrauen;
unerschüttert können wir
auf dich, Felsen, bauen.
Herr, wir glauben in der Zeit,
bis die selge Ewigkeit
uns erhebt zum Schauen.«

Die folgenden Stunden schlichen nur so dahin. Dorchens Zustand veränderte sich eher zum Schlechten. Die kühlen Fußwickel hielten zwar das Fieber einigermaßen unten, aber das Stöhnen über den Kopfschmerz wurde lauter und drängender. Die Steife des kleinen Körpers schien zuzunehmen, vor allem im Nacken. Wenn die Kleine für ein paar Augenblicke wach war und nach »Trinken« fragte, war es kaum möglich, ihr ein wenig Tee einzuflößen. Der Mund ging einfach nicht weit genug auf. Wiederholt erbrach sie sich. Schlimm war der Zustand des Mädelchens, einfach nur schlimm. Hoffentlich kam der Arzt bald und wusste Rat.

Er kam am späten Nachmittag mit einem flotten Einspänner vorgefahren, entschuldigte sich, dass er nicht schneller hatte hier sein können, und ließ sich unverzüglich zu dem kranken Kind führen. Dora lag verkrampft und völlig apathisch in ihrem Bettchen und schien den fremden Mann gar nicht zu bemerken. Der ließ das Kind auskleiden und schaute es sich dann lange an, fühlte mehrfach seinen Puls, tastete vorsichtig den kleinen Körper ab und hörte mit einem Stethoskop in ihn hinein. Auf seine Fragen antwortete das Kind nicht. Es blickte nur mit seinen glasigen Augen in irgendein Nichts. Auch seine Eltern oder Anni oder die beiden älteren Geschwister, die alle schweigend und vielleicht still betend um das Bettchen standen, erfasste es nicht mit seinem Blick.

Schließlich richtete sich der Arzt mit einem deutlichen Seufzer auf. »Ziehen Sie das Kind wieder an«, sagte er und schien über seine nächsten Worte nachzudenken.

»Bitte, Doktor, sagen Sie uns die Wahrheit. Es steht schlecht um das kleine Leben?«, forderte der Vater schließlich, wohl weil ihm die Zeit bis zur Aussage des Arztes lang wurde.

Jetzt holte der Mann tief Luft und schaute die beiden Gobats und auch Anni mit ernsten Augen an. »Ja, es steht schlecht um das kleine Leben.« Er zögerte einen Augenblick und sagte dann: »Ihr Kind leidet an einer schweren Gehirnentzündung. Ich gebe ihm nicht mehr viel Zeit.«

»Wird sie sterben?«, fragte der Vater und schien dabei

erstaunlich ruhig, während die Mutter mit einem leisen Aufschrei des Entsetzens die Hände vors Gesicht schlug. Anni nahm die Weinende teilnahmsvoll in die Arme.

»Es wäre wohl besser für das Kind, wenn es stürbe«, beantwortete der Arzt die Frage Samuel Gobats.

»Und wenn Dora doch ...?«, fragte der Vater weiter.

»Dann müssten Sie sich darauf einstellen, dass das Kind blödsinnig sein wird und für Sie alle eine sehr große Belastung.«

»Gott wird es gehen lassen, wie es recht ist, Doktor«, gab sich der Vater überzeugt. In großer äußerer Ruhe sprach er weiter: »Kommen Sie, dass Sie vor Ihrer Rückfahrt noch eine Kleinigkeit essen und etwas trinken. Es wird spät, bis Sie in Solothurn sind. Ich hoffe, Ihr Pferd findet in der Dunkelheit den Weg.«

»Es wird ihn sicher finden, Herr Gobat. Meine Liese findet immer nach Hause. Und danke für die Einladung.«

Während die beiden Männer und Anni das Zimmer verließen, um sich in die Küche zu begeben, blieben Maria und die beiden Großen sich in den Armen haltend noch an Doras Bettchen stehen. »Du musst nicht weinen, Mamá«, versuchte Hanna ihre Mutter zu trösten. »Wenn Dora stirbt, kehrt sie doch zurück in des Hirten Arm und Schoß. So haben wir das doch gesungen.«

»Hast Recht, mein Kind. Und doch ist es sehr schwer, sein Kind abzugeben«, seufzte Maria.

Als hätte er für einen Moment eine prophetische Sicht, widersprach Benoni mit Überzeugung: »Dorchen stirbt nicht. Der Herr Jesus macht sie gesund wie das Töchterlein des Jairus. Ich glaube das.«

Die Mutter nahm ihren Jungen noch einmal in den Arm: »Wenn ich es doch nur auch glauben könnte ...«

Der Glaube der Menschen im »Rikli-Hus« wurde in den nächsten Wochen auf eine harte Probe gestellt. Dorchens Zustand blieb lange zwischen Leben und Tod, für die Menschen um das Kind herum schier zum Verzweifeln. An manchem Abend gaben die Eltern es wieder einmal an den guten Hirten ab, damit er es doch von seinem Leiden erlöste und in seinen Arm und Schoß nähme. Und doch lebte es am nächsten Morgen noch. Das ließ wieder Hoffnung aufkommen.

Wie oft die Mutter und auch Anni die Essigwasser-Auflagen für den Rücken, den steifen Nacken und den Hinterkopf des Kindes wechselten, wie viele Wickel sie anlegten, wie oft sie dem Kind einen dünnen Brei und den besonderen Kräutertee einflößten, konnte bald niemand mehr zählen. Doch alle liebevolle Mühe vermochte den Zustand des kranken Kindes offenbar nur zu erhalten, nicht zu verbessern. Was nur hatte Gott mit diesem Kind vor? Und was mit seinen Eltern und der ganzen Familie? Die Gobats gerieten immer wieder an die Grenzen ihrer Kraft und nahe daran, an der Liebe und Güte ihres Gottes zu zweifeln.

Auch dem Arzt wurde es mehr und mehr verwunderlich, dass Dora nicht längst gestorben war, und er befürchtete immer mehr, das arme Kind könnte die Krankheit tatsächlich überleben. Das Gespenst schwerster Schädigungen des Gehirns baute sich für ihn umso höher auf, je länger sich die Krankheit hinzog. Es wurde dem Mann immer schwerer, den Eltern ihre Hoffnung auf einen guten Ausgang der Sache ausreden zu müssen. Er sah einen solchen einfach nicht mehr und wünschte sich nur noch, dass es mit dem Leiden des Kindes zu Ende ging.

Aber dann kam jener denkwürdige Novembertag, an dem nach Wochen trüben und regnerischen Wetters die Sonne wieder einmal ein paar Strahlen durch die aufreißende Wolkendecke in das Stubenfenster schickte und dabei genau das Bettchen der kleinen Patientin traf. Als hätten die Strahlen Doras schmales, bleiches Gesichtchen ein wenig gekitzelt, schlug die Kranke an diesem Morgen zum ersten Mal seit langen Wochen die Augen richtig auf und ließ ihr schwaches Stimmchen hören: »Mamá, bist du? Dora will trinken.«

Dieser Vormittag wurde zum Beginn eines fröhlichen Festes im »Rikli-Hus«, zu einem Fest des Dankes und neuer Zuversicht, und das nicht nur, weil ausgerechnet heute, am 9. November, Mutters einunddreißigster Geburtstag war. Gott hatte in seiner Liebe und Barmherzigkeit die vielen heißen Gebete um Besserung für Dora erhört. Benonis hoffnungsvolle Bemerkung von neulich sollte sich wohl bewahrheiten. Welch ein Geschenk! Der Herr im Himmel würde nun auch die Gebete um Heilung erhören. Ganz sicher würde Dorchen gesund werden und keine geistige Behinderung zurückbehalten!

Gerne reihte sich auch der Arzt in die Feierrunde ein, als er nachmittags wie zufällig hereinschaute, um sich nach dem Befinden des Kindes zu erkundigen. Eine medizinische Erklärung für den plötzlichen Wandel im Krankheitsverlauf hatte er nicht. Ihm blieb auch nur das Staunen über die Größe des Gottes, an den die Gobats glaubten und dem sie ihr Leben zum Dienst verschrieben hatten.

Reise ins Heilige Land

Die letzten Wochen des Jahres 1844 und die ersten des folgenden brachten den großen und kleinen Gobats immer wieder neues Aufatmen und Grund zum Danken und zur Freude. Doras Befinden besserte sich langsam, aber stetig, und es kam die Zeit, wo sie mit ihren Eltern und Geschwistern auch wieder auf den eigenen Füßchen durch den Schnee stapfen konnte. Zwar wurde sie bald müde und klagte dann wieder über Kopfweh, aber diese Rückstände der schweren Krankheit würden sich sicher im Laufe der Zeit weiter verringern. Vielleicht würden sie ja auch einmal ganz verschwinden. Irgendwelche Spuren in ihren geistigen Fähigkeiten hinterließ die Krankheit nicht. In dieser Vorhersage hatte sich der Arzt aus Solothurn, Gott sei Dank, gründlich geirrt.

Die Missionarsfamilie im Heimaturlaub und Wartestand hatte in den letzten Monaten für neue Weichenstellungen Gottes keinen Hinweis bekommen und keinen Gedanken an ihre weitere Zukunft verwendet. Deshalb kam die Anfrage der fernen Londoner Missionsgesellschaft auch plötzlich und unerwartet. Samuel Gobat wurde gebeten, gemeinsam mit seiner Familie nach Malta, der britischen Kronkolonie im Mittelmeer, zurückzukehren und dort die Leitung einer protestantischen »Erziehungsanstalt« mit Gymnasium zu übernehmen. In diesem englischen »College« sollten begabte junge Menschen aus dem Vorderen Orient eine gründliche Ausbildung erfahren.

Bis vor wenigen Jahren hatte Samuel Gobat nach einer Missionstätigkeit in Abessinien bereits auf der Insel Malta im Auftrag seiner Missionsgesellschaft eine arabischen Bibelausgabe und ihre Drucklegung betreut. Leider hatte dieses Projekt 1843 wegen Geldmangels aufgegeben werden müssen. Seitdem hatte er mit seiner Familie zwei Jahre lang im Schweizer Jura gelebt.

Es fiel Samuel Gobat nicht schwer, in der Anfrage aus London die Wegweisung seines Gottes zu sehen. Von sich aus hätte er sich nirgendwo selbst empfohlen. Er wartete schon lange auf ein Signal für eine neue Tätigkeit von irgendwoher – manchmal war er sich schon untätig und nutzlos vorgekommen. Deshalb sagte er gerne ja zu der neuen Berufung. Er begab sich auch bald an die Vorbereitung der Reise. Seine Maria äußerte zwar leise Bedenken gegen die Rückkehr auf die Insel. Sie fragte, ob Dora die Klimaveränderung wohl verkraften würde oder ob ihr die nicht eher zum Schaden sei. Doch dann ließ sie ihre Bedenken von Samuel gerne zerstreuen, war es ihr doch ebenso wichtig wie ihm, den erkannten und deutlichen Auftrag Gottes zu erfüllen. Und so sagten sie sich gegenseitig einen Vers eines Zinzendorf-Gedichtes, das Maria von Le Locle mitgebracht hatte:

»Wir wolln uns gerne wagen,
in unsern Tagen
der Ruhe abzusagen,
die's Tun vergisst.
Wir wolln nach Arbeit fragen,
wo welche ist,
nicht an dem Amt verzagen,
uns fröhlich plagen
und unsre Steine tragen
aufs Baugerüst.«

Im Herbst 1845 ging es dann zu einer neuen Aufgabe an den alten Ort, der Doras Geburtsort gewesen war. Dort auf Malta hatte Dora am 1. September 1842 das Licht der Welt erblickt. An diesen Ort kehrte das Mädchen nun mit seiner Familie zurück, zu der auch das liebe, sanfte Kindermädchen Jenny Givel gehörte.

Aber richtig kennen lernen konnte Dora ihre Geburtsinsel leider nicht, dazu war die Zeit des Lebens auf Malta zu kurz. Das Mädchen bekam nur eine Ahnung von der Schönheit dieses Felseneilandes, das nach einer wechselvollen Geschichte seit dem Beginn des Jahrhunderts den Engländern gehörte und ihnen als Flottenstützpunkt diente. Dennoch prägten sich manche Eindrücke unauslöschlich in das Gedächtnis des Kindes ein, das auf der Insel gerade noch seinen vierten Geburtstag feiern konnte, ehe bereits wieder ein Aufbruch zu neuen Ufern bevorstand.

Weit weniger prägte sich Dora das Fehlen ihrer kleinen Schwester Maria ein, die die Eltern schweren Herzens wegen einer Ruhr-Erkrankung bei den Großeltern Zeller im badischen Beuggen hatten zurücklassen müssen. In dem alten Ritterschloss dort leitete der Großvater eine »Lehrerbildungsanstalt« und ein Kinderheim. Auch an die lange Zeit ohne den Vater konnte sich Dora später nicht mehr erinnern. Der musste nämlich bereits nach wenigen Wochen auf der Insel für drei Monate Italien bereisen, um in evangelischen Gemeinden seine Schule bekannt zu machen, während die Mutter die Kinder der Obhut von Jenny und anderen Hilfskräften überließ, weil sie sich ohne den Vater um die weitere Einrichtung der Wohnung und der neuen Schule zu kümmern hatte. Und das alles, während sie wieder schwanger war.

Dora behielt anderes in ihrem Gedächtnis, das unter der schweren Krankheit nicht gelitten hatte. Zum Beispiel die Tatsache, dass sie sich auf der Insel befand, die in der Bibel Melite hieß, an deren Ufer der Apostel Paulus einst nach einem Schiffbruch gestrandet war und unter dessen Bevölkerung der große Völkermissionar drei Monate lang gewohnt und gearbeitet hatte. Die Mutter hatte diese Geschehnisse nach der Apostelgeschichte immer wieder erzählen müssen, manchmal auch am Meeresufer, wo die Schiffbrüchigen der Überlieferung nach damals gestrandet waren. Das mächtige Brausen der Wellen, die sich an den schroffen Felsen und Klippen brachen, hatte sich sicher seit jener Zeit nicht geändert. Auch die Blütenpracht der Gärten der Insel und die balsamischen Düfte, die die Lüfte durchwehten, hatten wohl auch dem Gottesmann von damals schon Freude gemacht.

Herrliche bleibende Erinnerungen für Dora, die sie sich als Heranwachsende und später als Erwachsene gerne ins Gedächtnis zurückrief.

Ausgerechnet an einem Sonntag kam der Bote mit schicksalsschwerer Post. Es war Ende März 1846. Samuel Gobat war gerade mit seiner Familie zu einem Spaziergang am Meer aufgebrochen, als ihm von seiner Amtswohnung her ein versiegelter Expressbrief gebracht wurde. Samuel schien der Brief nicht so wichtig, dass er ihn auf der Stelle geöffnet hätte. Das hatte Zeit bis nachher. Die Kinder drängten zum Gehen, und man war bereits auf dem Weg hinunter ans Meer in die so genannte Paulusbucht. Da man Wanderer nicht aufhalten soll, fröhliche schon mal gar nicht, wurde der Brief also zunächst in die Manteltasche gesteckt.

Dort blieb er bis lange nach der Rückkehr vom Spaziergang. Erst gegen Abend, als der Leiter des neuen englischen Colleges auf Malta sich noch einmal auf seine Latein- und Griechisch-Lektionen am Montag vorbereiten wollte, fiel ihm der Brief wieder ein. Er holte ihn hervor und öffnete ihn.

Was er da las, nahm dem gelehrten Mann für einen Moment den Atem. Sein lauter Ausruf der Bestürzung war im Wohnzimmer zu hören, und sofort kamen seine Frau und die drei Kinder herein. Sie fanden Samuel blass und stumm auf seinem Stuhl sitzen. Seine Hände schienen zu zittern, und sein Blick ging irgendwohin ins Leere. Der Brief lag auf dem Boden. Anscheinend enthielt er nichts Gutes.

Dora sprang hin, hob ihn auf und reichte ihn dem Vater zurück. »Was steht in dem Brief, Papa?«, fragte sie.

»Warum bist du so erschreckt?«, und: »Lies vor, Papa, lies vor!«, forderten jetzt die Großen. Und auch Maria stand gespannt abwartend hinter dem Stuhl ihres Mannes und bat um Auskunft, was dieses offenbar wichtige Papier denn enthielte.

»Ich, Samuel Gobat, einfacher Bauernsohn aus dem Schweizer Jura, gewesener Missionar in Abessinien, Sprachlehrer und Schulleiter am gerade eröffneten englischen College auf Malta, soll anglikanischer Bischof von Jerusalem werden?! Nein, nein, nein«, murmelte er mit stockender Stimme mehr vor sich hin, als dass die Worte Antwort auf die Fragen seiner Lieben hätten sein können.

»Was sagst du da?«, fragte Maria erschrocken. »Sag das noch einmal. Bischof von Jerusalem? Du?«

Der Mann holte ein paar Mal tief Luft und hatte seine Empfindungen dann offenbar wieder in der Gewalt. Er wandte sich zu seiner Frau und den Kindern um: »Du hast recht gehört, meine Liebe. Ihr habt alle richtig gehört. Der Brief enthält meine Berufung zur Würde eines evangelischen Bischofs von Jerusalem. Die Stelle ist seit dem Tod von Bischof Dr. Alexander vakant und soll neu besetzt werden.«

Die drei Gobat-Kinder verstanden nicht, wovon der Vater sprach. Maria verstand dafür umso besser. »Aber das geht doch gar nicht. Du bist doch kein Engländer.«

»Das nicht, aber ich habe die Weihe der anglikanischen Kirche. Seit dem vergangenen Jahr bin ich Anglikaner. Aber es sind nicht die Engländer, die mich berufen.«

»Jetzt verstehe ich gar nichts mehr«, bohrte Maria nach, während die Kinder mit offenen Mündern und Augen das Gespräch verfolgten. »Wer beruft dich dann?«

»Der preußische König Friedrich Wilhelm IV. persönlich hat die Berufung ausgesprochen. Die Deutschen haben diesmal das Recht der Berufung. Die Berufungsurkunde kommt von Freiherr von Bunsen.«

»Dem preußischen Gesandten in London?«

»Wir haben uns im vergangenen Jahr angefreundet. Trotzdem, warum ausgerechnet ich?«

»Oh, mein Lieber, da gibt es viele Gründe«, war Maria Gobat mit ihren Gedanken offenbar schon weiter als ihr Mann.

»Sag mir einen einzigen zutreffenden Grund, der mich dieses Amtes würdig macht, meine Liebe. Bitte, sag mir einen«, forderte er sie auf.

Maria begann aufzuzählen: »Erstens: Du bist ein besonnener Mann, kein politischer Hitzkopf. Du wirst mit den türkischen Regierungsbehörden gut zurechtkommen. Zweitens: Du bist kein Mann einer bestimmten Kirche. Du kannst leicht verschiedene geistliche Strömungen verbinden, was in Palästina und besonders in Jerusalem wohl erforderlich ist. Drittens: Du bist ein gelehrter Kopf. Du kennst den Vorderen Orient wie kaum ein anderer. Du sprichst die Sprachen, die in Jerusalem und Palästina gesprochen werden. Viertens: Du bist weder Engländer noch Deutscher und als Schweizer für dieses englisch-deutsche Gemeinschaftsamt wohl aufs Beste geeignet. Also, welches Argument bleibt dir, diese ehrenvolle Berufung abzulehnen?«

»Ich bin eines solchen Amtes nicht würdig, Maria. Ich bin nicht würdig. Außerdem bin ich dem Vorstand unserer Anstalt verpflichtet.«

»Dann frag in London nach, ob sie dich freigeben.«

»Genau das werde ich tun, meine Liebe. Das muss ich tun. Und dann ist die Entscheidung Gottes Sache.«

»War nicht die Berufung auch schon Gottes Sache, Samuel?«, gab Maria zu bedenken.

»So muss es wohl sein«, war der Mann überzeugt. »Und wenn es wirklich so ist, werden sich die Meinungen der verschiedenen Londoner Stellen nicht widersprechen. Dann werden wir nach Jerusalem gehen.«

Bei diesem Stichwort konnte sich Dora nicht mehr zurückhalten. Der Name der Stadt Gottes hatte sich vorhin schon in ihrem Kopf eingehakt. Der hatte für die Kleine von den Erzählungen des Vaters und von den biblischen Geschichten her bereits einen besonderen Klang. »Ja, wir gehen in das Land des Heilandes! Wir gehen nach Jerusalem! Das ist schön, Papa und Mamá! Wann gehen wir? Und was ist eigentlich ein Bischof, Papa?«

Mit diesen Ausrufen der Begeisterung und mit ihrer Frage sorgte Dora für eine heitere Entspannung der Lage und für ein lebhaftes Gespräch, in dem der Vater wieder einmal manches Erlebnis seiner früheren Reise nach Jerusalem, durch Palästina, durch Syrien, in den Libanon und in andere Gegenden des Vorderen Orients erzählen musste. Besonders die Begegnung mit der Hyäne und dem Aberglauben der arabischen Maultiertreiber im Drusengebirge wollte Dora wieder hören, und ihre Geschwister stimmten der Bitte begeistert zu. Schließlich verdankten die Kinder der Begegnung des Vaters mit dem Tier und der Weigerung der Begleiter, den Weg auch nur einen Schritt fortzusetzen, dass es ihren Vater überhaupt noch gab. Hätte der sich damals gegen die Araber in der Reisegruppe durchgesetzt, wäre er wahrscheinlich einem gegen ihn geplanten Attentat zum Opfer gefallen, wie sich später herausgestellt hatte. Gespannt hörten die kleinen Gobats der Erzählung des Vaters zu, als hörten sie sie zum ersten Mal.

»Nicht wahr, Papa, Gott hat dich damals sehr bewahrt«, meinte Benoni, als der Vater fertig war.

»Und ich wäre gar nicht auf der Welt«, fügte Dora fröhlich hinzu. »Ich freu mich auf Jerusalem.«

»Ein bisschen Geduld musst du noch haben, meine Kleine«, bremste Samuel ihre Begeisterung. »In ein paar Wochen wissen wir, ob uns Gott wirklich nach Jerusalem führt. Und was ein Bischof ist, erzähle ich euch später. Vielleicht dann, wenn ich es wirklich sein soll. Und jetzt wollen wir das Abendessen einnehmen. Jenny wird es gerichtet haben. Danach wird es für euch höchste Zeit, in den Betten zu verschwinden.«

Die Gewissheit, dass Samuel Gobat bald mit seinen Lieben ins Heilige Land, in die Zionsstadt umsiedeln würde, stellte sich bereits nach wenigen Tagen ein. Sein Brief nach London an den Vorstand der Malteser Erziehungsanstalt war noch nicht fertig geschrieben, als mit der nächsten Post von dort schon die dringende Bitte kam, die Berufung zum Bischof von Jerusalem unbedingt anzunehmen. Da hatten die zuständigen Menschen im fernen England wohl schon längst miteinander gesprochen und einhellig befunden, dieser Mann sei der Richtige für das wichtigste geistliche Amt für evangelische Gläubige im Vorderen Orient.

Samuel Gobat zerriss seinen Brief und schrieb einen neuen nach England, in dem er mitteilte, er nehme in großer Demut und tiefer Dankbarkeit seine Berufung an. Er werde rechtzeitig zur Bischofsweihe in London sein und anschließend auch nach Potsdam und Berlin reisen, um sich dem König persönlich vorzustellen und der Generalsynode der preußischen Landeskirchen beizuwohnen.

Als Maria Gobat und ihre Kinder den Mann und Vater endlich wieder in die Arme schließen konnten, waren ein paar Monate vergangen. Da hatte Maria schon tatkräftig den Haushalt auf Malta weitgehend aufgelöst und Hausrat und Kleidung mit einigen Neuanschaffungen für den künftigen bischöflichen Haushalt in Kisten und Koffer für die Überfahrt nach Jaffa und den Einzug in Jerusalem sicher verpackt. Und dabei hatte sie auch noch ein Kind zur Welt gebracht! Gut, dass die treue Jenny Givel bei allem half. Auch Benoni konnte schon kräftig mit anfassen.

Leider verzögerte sich die Abreise dann doch noch um mehrere Wochen, weil kein Schiff zur Verfügung stand, das die Familie mit ihrem umfangreichen Gepäck nach Jaffa oder Haifa mitgenommen hätte.

So wurde in aller Ruhe erst noch die Taufe des kleinen Jim gefeiert, der eigentlich James hieß. Sie gehörte mit zu den ersten Amtshandlungen des Vaters nach seiner Rückkehr nach Malta. Nun konnte der begabte Sprachlehrer noch eine Weile für seine Latein- und Griechischschüler da sein, auch wenn es ihm zunehmend unter den Nägeln brannte. Er sollte doch möglichst bald seinen neuen Dienst antreten.

Schließlich bekam auf Samuel Gobats besonderen Antrag hin eines der vor Malta liegenden englischen Kriegsschiffe den Auftrag, den neuen Bischof von Jerusalem hinüber nach Palästina zu bringen. Nach dem Bescheid Mitte Dezember 1846 ging dann alles sehr schnell. Bald waren die Menschen und ihr umfangreiches Gepäck an Bord gebracht, und die Überfahrt konnte beginnen.

Das war doch etwas, einmal keine Überfahrt auf einem unruhigen, windabhängigen Segler, auf dem die kleinen und großen Reisenden mit Sicherheit seekrank wurden, sondern auf einem ruhig fahrenden Dampfschiff, auf dem es sogar einige richtige Kabinen gab, in denen man sicher und ruhig liegen konnte. Dazu wurden die einzigen Fahrgäste sogar von Soldaten bewacht und von großen Kanonen geschützt. Für die Gobat-Kinder war das ein ganz besonderes Abenteuer, und auch die kleine, nach ihrer Krankheit wieder recht quirlige und wissbegierige Dora ließ sich gerne von den Matrosen in ihren schicken Uniformen über das Deck tragen und hier und da auf ein Kanonenrohr setzen. Dabei stellte sie ungezählte Fragen, die von den Männern geduldig beantwortet wurden.

Wenn es auf Deck ungemütlich war, gab es in den unteren Etagen des Schiffes eine Menge zu entdecken. Langweilig wurde es den großen und kleinen Gobats nie, hatten doch die Eltern endlich einmal viel Zeit für ihre Kinder zum Erzählen, Vorlesen, Singen und Spielen. Daran beteiligte sich auch Jenny immer wieder, wenn sie sich nicht um den kleinen James zu kümmern brauchte.

Eine herrliche und lehrreiche Zeit war das auf diesem englischen Kriegsschiff, an deren Ende die Gobat-Kinder auch erfahren hatten, was denn ein Bischof war und was er zu tun hatte und wie das neue Land beschaffen war und die neue Stadt, die für die nächste Zeit ihre Heimat werden sollte. Für wie lange, das wussten auch der Vater und die Mutter nicht zu sagen.

Am Tag vor dem Heiligen Abend erreichte das Schiff nach etwa einwöchiger Reise über rund tausend Seemeilen den uralten Hafen Jaffa, der im Vergleich zu Genua und Malta und anderen bekannten Orten am Meer winzig und gar kein richtiger Hafen war, sondern nur der Landungs- und Abfahrtsort von Reisenden, die von hier aus ins Hinterland und besonders nach Jerusalem hinauf weiterreisen wollten oder eben von Palästina in die Länder rings um das Mittelmeer.

Von Jaffa aus hatte vor Zeiten der Prophet Jona seine Flucht vor Gott und dessen Auftrag angetreten. Maria hatte diese spannende alte Geschichte ihren Kindern in den Tagen auf dem

Schiff vorgelesen und dann mehrmals wiederholen müssen. Nachdem die Schiffsbesatzung Jona über Bord geworfen hatte zur Besänftigung der stürmischen Wellen, hatte der Fisch, den Gott zu Jonas Rettung geschickt hatte, den Propheten wieder an Land gespuckt, damit er sich doch auf den Weg nach Ninive machte ... Spannend, spannend! Und welch guter und segensreicher Ausgang der Geschichte!

Heute spuckte hier ein englisches Kriegsschiff eine Menschengruppe an Land, die im Auftrag desselben Gottes auf dem Weg nach Jerusalem war. Nur war es für die Leute etwas schwieriger, wieder festen Boden unter die Füße zu bekommen. Es gab nämlich hier in Jaffa keine Hafenmauern mit Pollern oder etwas Ähnlichem zum Anbinden der Schiffstaue. Die Schiffe mussten im tiefen Wasser vor dem Ufer liegen bleiben und Anker werfen. Die Anlandung von Menschen und Gepäck war nur mittels kleiner Boote möglich, die zwischen dem Schiff und dem Strand des Hafens hin- und hergerudert wurden.

Das musste an diesem Dezembertag bei heftigen Winden und wildem Wellengang geschehen. Ein schwieriges Unterfangen, das um ein Haar dem Jüngsten der Familie das Leben gekostet hätte. Hätte seine Mutter nicht geistesgegenwärtig ihren weiten Rock ausgebreitet, um das Kind aufzufangen, das der helfende Matrose wegen der widrigen Umstände nicht halten konnte, und wäre sie dabei nicht selbst von einer unsichtbaren Macht gehalten worden, so dass sie auf dem wild schwankenden Boot dennoch festen Stand hatte – der kleine Jim wäre wohl vor den Augen von Eltern, Geschwistern und Schiffspersonal in die Fluten gefallen und darin versunken. Gott sei Dank, das Kind wurde bewahrt.

So gab es auf dem festen arabischen Boden einen Grund mehr für ein Dankgebet. Alle Personen und alles Gepäck konnten heil an Land gebracht werden. Die Eltern hatten dann alle Hände voll zu tun, ihre durchnässten Kinder auf festem Boden wieder zu beruhigen und ihnen bessere Zeiten vor Augen zu stellen. In einigen Stunden würden die Nöte der letzten Stunden vergessen sein. Dann würde das »Friede sei über Israel – Israel Schalom!« nach dem letzten Vers des 125. Psalms sicher leicht, frei und fröhlich ausgesprochen.

Grund zum Danken gab es dann noch einmal, als die Familie zur Erholung von den überstandenen Strapazen für ein paar Tage zwei Räume in einer Hafenherberge beziehen konnte. Das war beinahe wie ein vorgezogenes Weihnachtsgeschenk. Und zum Singen war es auch, wie bei den Gobats bei allen möglichen Gelegenheiten gerne gesungen wurde:

»Dankt, dankt dem Herrn, jauchzt volle Chöre,
denn er ist freundlich jederzeit!
Singt laut, dass seine Güte währe
von Ewigkeit zu Ewigkeit!
Jauchz, Israel, und bring ihm Ehre!
Er zeigte es dir jederzeit;
frohlock, dass seine Gande währe
von Ewigkeit zu Ewigkeit. …

Der Herr ist meine Hilf und Stärke,
mein Psalm singt seine Treu und Macht;
mein Heiland hat durch große Werke
Sieg und Erlösung uns gebracht.
Nun jauchzen meines Gottes Knechte,
dass ihre Hütt' davon ertönt:
Gelobt sei unsers Gottes Rechte,
die uns mit Sieg und Frieden krönt.«

»Papa, warum hast du uns keinen Christbaum mitgebracht? Heute ist doch Heiliger Abend?« Diese köstlich naive Frage kam von Dora, als der geliebte Vater am nächsten Mittag von einem Erkundungs- und Besorgungsgang aus dem Hafenstädtchen in die Herberge zurückkam. Samuel Gobat musste lachen.

»Mein liebes Kind, woher soll ich einen Christbaum nehmen? Hier am Meer wachsen nirgendwo Fichten oder Tannenbäume. Und Palmen taugen nicht zu Christbäumen. Wir müssen in diesem Jahr leider verzichten.«

»Schade, ich hätte aber so gerne einen Christbaum«, maulte das Mädchen, und seine Geschwister stimmten ihm zu. »Aber ich glaube, ich weiß noch was Besseres«, hatte Dora sofort eine neue Idee, und ihre Miene hellte sich auf.

»Nun sag schon«, forderte der große Bruder sie auf.

Das Mädchen machte jetzt ein wichtiges Gesicht: »Wir reisen schnell nach Bethlehem, dann können wir den Stall besuchen und dort die Heilige Nacht feiern. Da brauchen wir keinen Christbaum. Da steht bestimmt ein Christbaum mit einer Krippe drunter und mit dem Christkind drin oder so was.«

»Das wäre eine gute Idee, mein Kind«, ließ sich der Vater jetzt hören. »Aber nach Bethlehem ist es leider viel zu weit von hier. Ich denke, ich weiß etwas Besseres.«

»Was denn, Papa?«, tönte es aus mehreren Mündern zugleich.

»Wir machen einen Spaziergang durch das Dorf. Ich zeige euch ein paar interessante Orte und besondere Christbäume, wie ihr sie noch nie gesehen habt.«

Diese Ankündigung löste große Begeisterung bei den Kindern aus. Die drei konnten es gar nicht erwarten, dass der Spaziergang endlich losging. Schade, dass die Mutter wegen James nicht mitgehen konnte. Jenny musste leider auch zurückbleiben. Nur hatte der Vater erst noch etwas mit einem dunkelhäutigen Menschen zu verhandeln, der inzwischen mit einem Eselskarren zum Haus gekommen war. Dabei ging es um Esel und Pferde und Sänften und anderes, wie die Kinder mitbekamen. Danach erst konnte sich die kleine Schar auf den Weg machen.

»Wo gehen wir hin, Papa?« »Was zeigst du uns?« »Wo wachsen die besonderen Christbäume?« »Stecken da Kerzen drauf?« »Hängen da Äpfel und Nüsse dran?« »Was das wohl für Bäume sind? Christbäume sind das bestimmt nicht.« So und ähnlich fragten die Kinder fröhlich durcheinander, während sie mit dem Vater durch Jaffas enge, verwinkelte Gassen spazierten.

Auf dem Weg zeigte der Vater seinen Kindern das Haus Simons, des Gerbers, in dem der Apostel Petrus eine Weile gewohnt hatte und wo er die Vision von dem Tuch erlebte, in dem Gott ihm die reinen und unreinen Tiere zeigte. Petrus sollte damals vorbereitet werden auf den Besuch der Boten des heidnischen Hauptmanns Kornelius aus Cäsarea. Er sollte lernen, dass Gott in seiner Liebe die Person nicht ansieht und keine Unterschiede macht zwischen den Menschen seines Volkes und den Heiden. »Jeder gottesfürchtige Mensch ist dem Heiland angenehm«, schloss der Vater seine Erzählung. »Diese Lehre müssen wir auch beherzigen, wenn wir in unserer neuen Heimat Menschen aus vielen unterschiedlichen Nationen begegnen.«

Samuel Gobat führte Benoni, Hanna und Dora auch zu dem Haus, auf dessen Söller Petrus auf dringende Bitten der Jesusjünger im Ort die Wohltäterin und Schneiderin Tabea oder Tabita vom Tod erweckt hatte. Herrlich, diese alten biblischen Geschichten an ihren Schauplätzen lebendig erzählt zu hören.

Schließlich führte der Vater seine Kinder zu einem großen Garten, der landeinwärts hinter den letzten Häusern gelegen war. Hier bat er sie, eine Weile zu schweigen und zu schauen.

»Nun, habe ich euch etwas Falsches versprochen? Grüne Bäume am Christfest sind Christbäume!«

»Blüten und Früchte zugleich an einem Baum«, staunte Hanna.

»Die Blüten sind wie Kerzen, und die Früchte sind wie Äpfel, wie an einem richtigen Christbaum«, erklärte Dora.

»Das sind Orangenbäume«, wusste Benoni, »bei denen ist das immer so, dass Blüten und Früchte gleichzeitig zu sehen sind.«

»Ist das nicht ein Wunder der Schöpfung Gottes, das ihr hier seht?«, fragte der Vater, »Und das zu Weihnachten, wo bei uns in der Schweiz immer dicker Schnee liegt und nirgendwo Blüten und Früchte zu sehen sind.«

»Doch, im vorigen Winter blühte an unserm Rikli-Hus die Nieswurz«, erinnerte sich Benoni.

»Da hast du Recht«, bestätigte der Vater. »Die Christrose im Schnee ist jedes Mal ein kleines Wunder zu Weihnachten.«

»Dann sind die Orangenbäume auch ein Weihnachtswunder«, fasste Hanna zusammen.

Dora rief mit einem Jauchzer: »Das erste Weihnachtswunder in unserem neuen Land. Das ist sehr schön! Das muss ich der Mamá erzählen und Jenny und Jim.«

»Tu das. Wir gehen aber erst noch ein wenig durch diesen Garten und schauen, ob es hier vielleicht auch Zitronenbäume gibt. Ihr wisst, Zitronen sind zuerst grün. Erst wenn sie reif sind, sind sie gelb. Ich bin gespannt, wer den ersten Baum gefunden hat. Vielleicht entdeckt ihr ja auch noch andere Schönheiten.«

Damit waren die Kinder für eine Weile mit einer guten Aufgabe versehen, und der Vater konnte ein wenig seinen Gedanken über die Gestaltung dieses ersten Weihnachtsabends im Heiligen Land nachgehen. Irgendwoher musste er noch ein paar Kerzen auftreiben. Das Gepäck sollte deshalb nicht geöffnet werden. Er würde natürlich die Weihnachtsgeschichte aus dem Lukasevangelium lesen. Und dann musste gesungen werden. In Gedanken wählte Samuel Gobat schon einmal ein paar Lieder aus. Zum Beispiel das schöne Gellert-Lied mit der Luther-Melodie: »Dies ist der Tag, den Gott gemacht«, und das alte Lied nach der Verheißung aus Jesaja, zu dem es seit kurzem zwei weitere Strophen gab: »Es ist ein Ros entsprungen«. »Ich steh an deiner Krippen hier« von Paul Gerhardt würden sie genauso singen wie »Ihr Kinderlein kommet«. Martin Luthers »Vom Himmel hoch da komm ich her« durfte ebenso wenig fehlen wie Friedrich von Spees »Zu Bethlehem geboren« und die beiden neuen Lieder, die sich erstaunlich schnell von Österreich und Deutschland aus über ganz Europa verbreitet hatten: »Stille Nacht, heilige Nacht« und: »O du fröhliche, o du selige, gnadenbringende Weihnachtszeit«. Wie hießen noch die Verfasser dieser Lieder? Die Namen fielen dem Mann nicht ein. Von denen hatte man zuvor nie etwas gehört.

Auch ohne Baum und ohne Geschenke sollte das ein schöner Weihnachtsabend werden. Das Kind im Stall von Bethlehem, durch Lesung, Erzählung und Gesang deutlich vor Augen gestellt und ohnehin das einzig wahre Geschenk, das es zum Christfest zu empfangen und zu feiern galt, musste in diesem Jahr auch den Kindern einmal genügen.

Es genügte wirklich an diesem denkwürdigen Weihnachtsabend in der Hafenherberge von Jaffa. Es war für die Gobat-Kinder etwas Besonderes, dieses Fest im Heiligen Land zu feiern und sich dabei vorzustellen, den Geburtsort des Heilandes bald einmal besuchen zu können und auch viele andere Orte, an denen der Herr Jesus gepredigt und den Menschen durch seine Wundertaten geholfen hatte. Den ersten Ort hatten sie ja bereits kennen gelernt. Und auch den Ort, wo er später am Kreuz gestorben war, würden sie besuchen, genauso wie das leere Grab und den Ort der Himmelfahrt. Der Vater hatte die meisten dieser Stätten bei einer früheren Reise bereits gesehen. Welche Aussichten waren das für die kommende Zeit in diesem besonderen Land mit der besonderen Aufgabe für Samuel und seine Familie! Vor allem die kleine Dora entwickelte eine große Vorfreude auf das, was sie in der nächsten Zeit alles erleben würde.

Aber jetzt galt es zunächst, in den kommenden Tagen hinaufzukommen nach Jerusalem, in die Davidsstadt, die Stadt Gottes, um dort die Bischofswohnung zu beziehen und die neue Arbeit zu beginnen.

Am 28. Dezember konnte die Karawane endlich zur letzten Reiseetappe aufbrechen. Ungefähr 60 Kilometer hatten Mensch und Tier bis zu ihrem Reiseziel zurückzulegen. Zunächst ging es noch einigermaßen einfach über die Dünen und durch die Ebene Saron bis nach Lydda. Danach wandten sie sich in die judäischen Berge, wobei die Reisegruppe auf den noch etwa 45 Kilometern 700 Höhenmeter zu überwinden hatte. Das wurde auf andere Weise abenteuerlich. Bequeme Reisewagen wie in der Schweiz oder in Deutschland standen nicht zur Verfügung. Aber zu Fuß zu gehen brauchte auch niemand aus der Bischofsfamilie. Für den Vater gab es ein Pferd, für die Mutter mit dem Säugling und für Jenny gab es einfache Sänften, die von jeweils zwei Maultieren getragen wurden. Benoni durfte bereits allein auf einem Esel reiten, und Hanna und Dora saßen in gepolsterten Kisten, die von einem Maultier rechts und links an seinen Flanken getragen wurden. Das war zwar nicht sehr bequem, aber trotzdem lustig und interessant. Die großen und kleinen Gepäckstücke waren auf viele Pferde- und Eselsrücken verteilt. Mehrere Araber führten die Tiere und achteten darauf, dass auch alle und alles sicher und gut transportiert wurde. Das bedeutete freilich, dass es nur langsam voranging.

Aber was gab es da nicht alles rechts und links des Weges zu sehen?! Bäume und Sträucher aller Art und dorniges Gestrüpp. Immer wieder kleine Herden von Schafen und Ziegen, hier und da armselige Hütten in kleinen Siedlungen oder auch mächtige Burgen als Zeugen der langen Geschichte dieses Landes, in dem es immer wieder Kämpfe und kriegerische Auseinandersetzungen gegeben hatte. Von den Kriegen des Königs David auch in dieser Gegend hatten die Eltern schon erzählt …

Zweimal musste die Karawane in Herbergen am Weg übernachten, damit die Tiere und auch die Menschen sich ausruhen und stärken konnten. In der Herberge in Lydda am Ostrand der Ebene Saron hörten die Kinder von ihren Eltern die Geschichte von der Heilung des Äneas durch den Apostel Petrus und von den vielen Bekehrungen, die diesem Wunder in der Gegend gefolgt waren.

Nach dem Durchzug durch das Tal von Ajalon, der »Hirsch-Gegend« – hier hatte Josua einst dem Mond geboten, still zu stehen, damit er den Kampf gegen die fliehenden Amoriter siegreich beenden konnte –, gab es eine zweite Rast und Übernachtung in der Nähe des Fleckens Emmaus, der Heimat des Kleopas und seines Gefährten.

Hier erzählte der Vater die Geschichte von der Begegnung der beiden Jünger mit dem auferstandenen Herrn Christus. Die Bitte der beiden Männer, dass der Fremde doch bei ihnen bleiben und mit ihnen essen sollte, hatten Dora und ihre Geschwister schon lange als Abendgebet gelernt: »Herr, bleibe bei uns, denn es will Abend werden und der Tag hat sich geneiget.« Diese Bitte gehörte immer wieder zum Tagesabschluss im Haus Gobat. Auch Dora hatte sie längst lieb gewonnen. So bildeten diese Worte auch heute den Abschluss des gemeinsamen Abendgebetes.

Am Morgen des 30. Dezember 1846 brach die Reisegruppe dann zum letzten Mal auf. In wenigen Stunden würden sie die Heilige Stadt erreichen. Da wollte Dora auf eine dringende Frage eine Antwort haben: »Papa, wenn wir heute in Jerusalem einziehen, sind dann auch Menschen mit Palmzweigen auf der Straße und mit ihren Kleidern wie damals bei dem Herrn Jesus? Du bist doch der neue Bischof.«

Der Vater musste über diesen Gedanken seiner kleinen Tochter lachen. Dora bewies wieder einmal, dass sie bereits eine Menge biblischer Geschichten im Kopf hatte. »Nein, mein Kind. So wird es nicht sein, auch wenn ich der neue Bischof bin«, antwortete er, »aber ich bin sicher, es wird ein besonderer und wunderbarer Einzug in die Stadt werden. Übrigens kommen wir von einer ganz anderen Seite in die Stadt als der

Herr Jesus mit seinen Jüngern damals. Wir wollen uns einfach überraschen lassen.«

Die Nachricht von ihrer Ankunft war den Reisenden längst vorausgeeilt. Und so wartete eine halbe Stunde vor der Stadt eine große Menschenmenge zu Fuß und auf Pferden und Eseln, um dem neuen Bischof und seiner Familie einen würdigen Empfang zu bereiten und die Ankömmlinge den letzten Anstieg durch den Hohlweg zum Jaffator hinauf zu begleiten. Angeführt wurde die Menge von den beiden Konsuln der Stifterstaaten dieses hohen Jerusalemer Amtes, die in prächtigen Ausgehuniformen auf stolzen Pferden sitzend dem höchsten protestantischen geistlichen Würdenträger Palästinas und des Vorderen Orients ihre Referenz erwiesen. Die beiden Würdenträger Preußens und Englands hatten ein zahlreiches Gefolge um sich.

Auch der Pascha von Jerusalem, der höchste Vertreter der muslimischen türkischen Verwaltung der Stadt, hoch zu Ross und eskortiert von einem großen Trupp Janitscharen, gehörte zum Begrüßungskomitee. Zwei dieser türkischen Männer wurden quasi als Begrüßungsgeschenk dem Bischof sogleich als künftige Hilfskräfte übergeben und seiner Obhut anvertraut.

Ein bewegender Empfang für die Ankömmlinge, freilich ohne begeisterte Hosianna-Rufe und ohne Palmwedel, wie Dora später rückblickend bemerkte. »Die Leute haben ja nur ›Hoch dem Bischof‹ und ›Willkommen‹ und so was Ähnliches gerufen. Das habe ich gar nicht verstanden. Das war so ausländisch. Keiner von den Leuten hat ›Hosianna‹ gerufen.«

»Wir sind ja auch nicht der Heiland, liebes Kind«, belehrte sie die Mutter. »Wir sind nur seine Diener. Und als solche haben uns die freundlichen Menschen von Jerusalem sehr lieb begrüßt.«

Bald war der Einzug ins bescheidene Bischofshaus am Rande der altehrwürdigen Zitadelle vollzogen. Das Haus war im arabischen Stil gebaut, zwar geräumig um einen Innenhof angelegt, aber doch sehr verwinkelt und mit vielen großen und kleinen Treppen zwischen den Etagen und Halbetagen. Eine hohe Treppe war ganz von einem schönen alten Weinstock beschattet. Es gab eine große, gedeckte Laube mit einem Springbrunnen, von wo aus man in einen großen Garten trat.

Nachdem sich die Reisenden in ihren Räumen ein wenig ausgeruht und frisch gemacht hatten, versammelte sich die Familie mit einigen Mitgliedern der Jerusalemer Gemeinde, die vor dem Gebäude ausgeharrt hatten, in der Hauskapelle und feierte einen ersten kurzen Gottesdienst in der neuen Heimat mit Dank und Bitte, mit Worten aus dem 122. Psalm über die Herrlichkeit Jerusalems und mit dem schönen Lied des Herrnhuter Lehrers Karl Bernhard Garve von der Zuversicht der Kinder Gottes:

»Wünschet Jerusalem Glück!
Es müsse wohl gehen denen, die dich lieben.
Es müsse Frieden sein inwendig in deinen Mauern
und Glück in deinen Palästen! …«

»Stark ist meines Jesu Hand,
und er wird mich ewig fassen,
hat zu viel an mich gewandt,
um mich wieder loszulassen.
Mein Erbarmer lässt mich nicht:
das ist meine Zuversicht …«

Diese Zuversicht würde Bischof Gobat und seine Frau über Jahrzehnte in dem neuen Amt tragen, und auch Dora würde zeitlebens etwas von diesem Jerusalemer Glück in ihrem Inneren behalten.

Am 1. Januar 1847 konnte der Bischof sein Amt antreten.

Im kühlen Schatten der Olivenbäume

Vier Jahre war Dora, als sie sich in die neue Welt in Palästina einleben musste. Ihre glücklich überstandene schwere Hirnhautentzündung machte sich leider immer wieder bemerkbar. Die Kleine klagte dann über heftige Kopfschmerzen und Übelkeit, lag in ihrem Bett oder saß am Fenster ihres Zimmers, hielt sich den kleinen Kopf und schaute traurig nach draußen, wo das bunte Leben der Stadt pulsierte. An solchen Tagen konnte Dora die Mutter oder Jenny oder Yssa, den arabischen Hausdiener, nicht auf die Basare oder einen Spaziergang oder zu einem Besuch deutscher, englischer oder arabischer Gemeindeglieder begleiten. Dann mochte sie auch nicht spielen oder wie sonst gerne im Arbeitszimmer des Vaters oder im Empfangszimmer der Mutter sitzen, den Gesprächen der Erwachsenen zuhören und sich dabei mit irgendeiner kleinen Handarbeit beschäftigen, in die sie ebenso wie Hanna schon früh eingeführt wurde. Dann litt sie nur und hoffte und betete in ihrer kindlichen Art inständig darum, dass es ihr doch bald besser ginge und sie wieder ohne Beschwerden springen und singen konnte.

An einem solchen schlimmen Tag kam einmal der Vater ins Zimmer und forderte Dora auf, für einen Augenblick mit ins Wohnzimmer zu kommen. »Ich mag aber nicht, Papa, mein Kopf tut mir zu weh.«

»Du musst nicht lange bleiben«, meinte der Vater verständnisvoll. »Da ist jemand, der dir vielleicht helfen kann. Dr. Crawford ist mein Freund und ein guter Arzt. Er weiß sicher einen Rat für dich. Komm, mein Kind.«

Dora ließ sich auf die Arme nehmen und hinübertragen. Im Wohnzimmer saß der englische Arzt in einem Lehnstuhl und streckte dem Mädchen bereits die Hände entgegen. »Also du bist das arme Kind, das so geplagt wird und leiden muss. Komm und lass dich einmal anschauen.«

Das Kind fasste sofort Vertrauen zu dem freundlichen fremden Mann und ließ sich von ihm auf den Schoß nehmen. Der Arzt blickte Dora lange in die Augen, er fühlte ihr den Puls und tastete ihren Kopf und Nacken ab. Dann stellte er das Mädchen wieder auf den Boden und gab ihr liebevoll die Hand. »Ich hoffe, ich kann einen Rat geben, der dir Hilfe schafft. Aber ob dein Kopfweh ganz verschwinden wird, das kann ich dir leider nicht versprechen. Dazu muss Gott wohl selbst eingreifen.«

Dora verabschiedete sich brav von dem netten Arzt und verließ das Zimmer wieder. Dabei schien es, als ginge sie leichtfüßiger hinaus, als sie an diesem Tag umhergegangen war. Als hätte bereits die Begegnung mit Dr. Crawford ihr Linderung verschafft.

Später fand das Kindermädchen Jenny sie am offenen Fenster stehen und hinausschauen. Dabei sang sie leise eine Melodie. Das war doch schon etwas. Vorsichtig trat Jenny hinter das Kind. Sie wollte sehen, was die Kleine dort beschäftigte. Da saß doch tatsächlich auf einem Mauersims eine große graue Eidechse in der Sonne, lauschte offenbar auf Doras Lied und nickte sogar auf drollige Weise mit dem Kopf dazu!

»Sing einfach weiter, Dorchen«, riet Jenny im Flüsterton, »dem Tierchen gefällt das, und dir tut es gut. Singen ist eine gute Medizin. Du darfst dich nur nicht anstrengen dabei.«

Jetzt brach das Kind doch seine Melodie ab. »Es geht auch schon besser mit meinem Kopf. Weißt du, was der englische Doktor gesagt hat?«

»Ja, ich kenne seinen Rat, und ich werde darauf achten, dass wir ihn gemeinsam befolgen.«

»Was muss ich denn machen, damit das Kopfweh aufhört?«

»Du brauchst sehr viel Ruhe«, erzählte ihr Jenny, »du darfst dich nicht zu sehr anstrengen, wenn du etwas lernen willst und wenn du etwas arbeitest. Du musst immer an schöne Dinge denken und an fröhliche Sachen. Dann sollst du viel draußen sein und dich an der frischen Luft aufhalten. Nur darfst du dann leider nicht wild toben, wie ihr Kinder das gerne macht.«

»Das eine ist schön und das andere ist schade«, meinte das Mädelchen, »ich spiele doch so gerne Fangen und Wettlaufen. Und was muss ich noch machen?«

»Viel Obst essen und viel Gemüse. Und viel Tee trinken, Baldrian und Lavendel und Melisse.«

»Machst du mir gleich einen Tee? Ich habe auf einmal großen Durst.«

Jenny musste lächeln. »So ist es Recht, Kind. Ich gehe und besorge dir einen Tee. Sara oder Miriam kann dir einen aufbrühen. Vielleicht lockst du in der Zeit die Eidechse wieder herbei?« Sara war die Köchin, der die alte Miriam zur Seite stand. Beide Frauen waren Jüdinnen.

»Was soll ich singen, damit das Tierchen wiederkommt?«

»Irgendwas. Oder denkst du, die Echse hat schon eine Lieblingsmelodie?«

»Ich glaube, das Tierchen mag das Lied ›Weil ich Jesu Schäflein bin‹, auch wenn es eine Eidechse ist. Das hab ich vorhin gesungen, als sie gekommen ist.«

»Dann sing es ihr doch noch einmal«, riet Jenny. »Dann wirst du sehen, ob sie das Lied wirklich mag. Dir tut es auch gut, wenn du es noch einmal für dich singst. Ich gehe und hole den Tee.«

Die Ratschläge des englischen Arztes halfen, Doras Beschwerden in Grenzen zu halten. Dennoch gab es immer wieder Tage, an denen das Kind sehr zu leiden hatte. Dora genoss die Geborgenheit in der Familie, umsorgt von Jenny und Maria, die sich Zeit für ihre Kinder nahm, wann immer ihr das möglich war. Arbeit hatte sie genug, als Mutter einer wachsenden Kinderschar – 1848 wurde Samuel geboren, 1850 kam Blandina dazu. Und schließlich war sie ja auch die Frau des Bischofs und im guten biblischen Sinn seine treue Gehilfin oder Gefährtin, auch für manche Aufgaben in seinem Amt für die Christen Palästinas und der Nachbarländer und für den Dienst in der internationalen Gemeinde der Stadt.

Und dann waren da ja auch noch die Pilger, die einzeln oder in Gruppen während des ganzen Jahres in der Stadt waren, um die heiligen Stätten zu besuchen. Über die christlichen Feste im Kirchenjahr kamen sie in großen Scharen, am zahlreichsten über Ostern. Über Weihnachten war zwar Bethlehem Hauptreiseziel der Wallfahrer. Aber die Geburtsstadt Jesu lag nur wenige Kilometer südwestlich von Jerusalem. Und wer dorthin kam, kam auch in die Zionsstadt. In der Passionszeit, über Karfreitag und Ostern füllten die Pilger natürlich die Hospize Jerusalems und drängten sich in der Via Dolorosa, in der Grabeskirche und anderen heiligen Plätzen.

Manche dieser Menschen besuchten während ihres Aufenthalts auch die Gottesdienste des anglikanischen Bischofs und viele von ihnen auch sein Haus. Dabei erwarteten sie oft Betreuung und Hilfe. Die wurde ihnen natürlich gerne gewährt. So ergab sich immer wieder einmal ein zusätzlicher Nachmittagsspaziergang als Führung zu den heiligen Stätten und auf den Tempelberg oder über den Leidensweg Jesu durch das Löwentor hinaus zu den Prophetengräbern und weiter in den Garten Gethsemane, auf den Ölberg und an andere Stätten innerhalb oder auch außerhalb der Stadtmauern, um die vielen Plätze der Anbetung zu zeigen und sie dabei selbst besser kennen zu lernen.

Häufig war eins der Kinder dabei, um mit offenen Sinnen aufzunehmen, was sich an den jeweiligen Orten der Lebens- und Leidensgeschichte des Herrn Jesus abgespielt hatte, wie die Evangelisten das erzählt und wie kluge Menschen in Architektur und Kunst die Erinnerung an diese Ereignisse wachgehalten hatten.

Auch die kleine Dora staunte bei solchen Gelegenheiten immer wieder darüber, was der Papa oder die Mamá alles wussten, und sie sog die Geschichten und Zusammenhänge mit großer Wissbegier auf. Erstaunlich für ein Mädchen, das gerade einmal fünf oder sechs Jahre alt war.

In den Wintermonaten spielte sich das Familienleben mehr im Haus als draußen ab. Zwar war der Winter im Heiligen Land überhaupt nicht zu vergleichen mit dem in den Schweizer Bergen. Dort lag der Schnee manchmal über viele Wochen einen halben Meter hoch, und es war bitterkalt. Hier schneite es eigentlich nie, und so richtig kalt wurde es auch nicht. Aber ungemütlich konnte es schon werden, wenn die Regenzeit über das Land und die Stadt ging. Dann genoss es Dora, wenn es im Kamin bullerte und wohlige Wärme in die Räume drang. Die Kinder scharten sich um die Mutter, um ihren anschaulichen Erzählungen biblischer Geschichten zuzuhören und mit ihr zu singen und zu musizieren.

Wenn der Vater sich von seinen Dienstpflichten frei machen konnte und er den Erzähler abgab, dann wurde es auf andere Weise spannend. Dann mussten die Erlebnisse in Abessinien, im Libanon und an anderen Orten erzählt werden, die der damalige Missionar schon besucht hatte. Da hörten die Kinder Löwen brüllen, Leoparden heulen, Hyänen lachen, Affen schnattern, Pferde wiehern, Schafe blöken und manches andere, wie wilde und zahme Tiere sich bemerkbar machen. Niemand konnte diese manchmal Furcht erregenden, manchmal erheiternden Tiergeräusche so natürlich nachahmen wie Samuel Gobat.

Herrlich waren in den Frühlingsmonaten die Spaziergänge in die Täler und auf die Hügel um die Stadt, in die Haine und Gärten, die in dieser Zeit vor Grün und Blütenpracht schier überquollen. Die Kinder erhielten unvergessliche Einblicke in das Schöpfungswirken Gottes, der vorzeiten dem Noah versprochen hatte, dass der Kreislauf des Jahres mit allen seinen Erscheinungen vom Werden und Vergehen nicht aufhören sollte, so lange die Erde bestand. Sie nahmen die Schönheiten des

Frühjahrs im Aufbrechen einer üppigen Natur ganz bewusst auf. Der Sommer würde, was die Farben anging, überwiegend braun und eintönig werden, Herbst und Winter dann sogar grau und traurig.

Für diese farblosen Zeiten sammelten sie in den leuchtenden Monaten fleißig Farben. Auch Dora trug ungezählte Blüten von Anemone und Narzisse, von Iris, wilder Hyazinthe und Margerite, von Tulpe und Alpenveilchen, das auch die »Krone Salomos« hieß, und Adonisröschen, den so genannten »Blutströpfchen«, in ihren kleinen Händen nach Hause, um sie unter Anleitung von Jenny und der Mutter fachgerecht zu pressen, zu trocknen und in ein Herbarium einzukleben. Dabei gab es eine Menge über die Pflanzen im Heiligen Land und ihre Blüten zu lernen. Viele von ihnen wurden ja auch in der Heiligen Schrift erwähnt und hatten dort ihre Bedeutung. Wie mussten die Kinder immer wieder darüber staunen, was sie aus dem Wort Gottes nicht alles lernen konnten und was die Mutter und auch Jenny so alles wussten. Die fertigen Sammlungen konnten sie dann im Herbst und im Winter an die vergangene Frühlingszeit erinnern. Und sie konnten die Vorfreude auf die kommende nähren. Die brachte dann neues Sammeln und Verarbeiten. Ein schöner Kreislauf am Rande der ernsteren Ereignisse des Lebens.

Die Sommermonate hatten für die Gobats ihren ganz eigenen Reiz. Dann wurde es in Palästina trocken und heiß, und das Leben in der Stadt war für Mitteleuropäer schwer erträglich. Um sich für die heißen Tage Erleichterung zu schaffen, siedelte die Bischofsfamilie mit dem ganzen Haushalt und allen Bediensteten für drei Monate vor die Tore der Stadt um und lebte in Zelten in einem lichten Hain in der Nähe der Quelle Neftoach auf der Höhe Lifta, eine knappe Reitstunde nordwestlich von Jerusalem. Ein idyllischer Platz mit einer herrlichen Aussicht auf die Zinnen und Türme der Stadt und auf die umliegenden Täler und Hügel.

Für die Versorgung mit notwendigen Lebensmitteln und anderen Gütern standen den Bediensteten Reit- und Lastesel zur Verfügung. »Filfil«, »Pharao« und »Pediphor« waren friedliche Gesellen, die jeden Reiter und jede Last auf ihrem Rücken ertrugen. Der Hausherr konnte von hier aus leicht seinen Aufgaben in der Stadt nachkommen. Er ritt an den Arbeitstagen morgens auf seinem »Mameluk«, einem großen Schimmel, hinüber in die Stadt, kam nachmittags zurück und war dann für seine Familie und für Gäste frei. Sonntags hielt er hier draußen seine feierlichen Gottesdienste, zu denen auch viele Christen mit Freude aus der Stadt herüberkamen.

Hier im Schatten alter Oliven- und großer Feigenbäume lebte es sich für Groß und Klein frei und gut, wenngleich nicht ganz ungefährlich. Es gab nämlich Skorpione und Schlangen und andere Biester, die Menschen und Tieren schaden konnten. Zum Glück blieb der Gelbe Skorpion friedlich, der es sich einmal unter Doras Kopfkissen gemütlich gemacht hatte. Nicht auszudenken, wenn das Tier mit seinen Zangen zugegriffen oder gar mit seinem Stachel gestochen hätte. Als der Skorpion entdeckt war, machte er sich schnellstens davon und verschwand unter der Zeltwand ins Freie. Ein anderes Tier war dagegen nicht so freundlich. Es hatte es sich unbemerkt in einem Baum bequem gemacht und trieb von dort aus sein Unwesen.

»Dorchen, hast du schon die Finken gefüttert?«, fragte die Kinderfrau ihren jungen Schützling eines Mittags.

Das Mädchen verneinte, machte sich aber sogleich mit dem Futter auf den Weg zu dem Baum, an dem an einem unteren Zweig der Käfig mit den vier geliebten Vögelchen hing. Kaum dort angekommen, entfuhr Dora ein Schreckensschrei.

Sehr aufgeregt kam sie zurück zu den Zelten. »Da fehlt ein Vogel. Wir hatten doch vier. Im Käfig sind aber nur drei.«

Sofort eilten Benoni und Hanna zum Baum hinüber, um das Ungeheuerliche selbst zu sehen. Tatsächlich, ein Fink fehlte. Es gab aber nirgendwo Spuren eines Diebstahls oder gar eines schlimmeren Verbrechens.

»Vielleicht hat das Vöglein die Freiheit gesucht und sich durch das Gitter gezwängt«, mutmaßte die große Schwester.

»Die Stäbe sind doch viel zu dicht. Da passt das Tier gar nicht durch«, widersprach Benoni. »Ich weiß auch nicht, was da passiert ist.«

Niemand wusste, wie der Fink aus dem Käfig heraus verschwunden war.

»Dann muss jemand den Vogel herausgenommen haben«, befand Dora und wurde richtig böse. »Wenn ich den erwische, der das gemacht hat, der kann was erleben!«

Am nächsten Tag musste das Mädchen nicht ans Füttern der Vögel erinnert werden. Dora ging von selbst. Aber vom Käfig her kam wieder ein Schreckensschrei: »Der zweite Vogel ist weg!« Sofort kamen ihre Geschwister dazu und suchten am Ort des Geschehens nach ausgerupften Federn oder Blutspuren. Nichts war zu finden. Das Verschwinden des zweiten Finken war genau so rätselhaft wie das seines Genossen.

Am nächsten Tag wiederholte sich die Geschichte wie an den beiden Vortagen. Diesmal kamen Jenny und Yssa, der Hausdiener, mit zum Baum. Aber auch sie fanden keinerlei Spuren irgendeiner Untat.

»Das verstehe ich nicht«, klagte Dora, »die armen Vögelchen. Irgendjemand muss sie doch gestohlen oder aus dem Käfig herausgelassen haben. Der arme Fink, der jetzt ganz alleine ist.«

»Wir werden ihm neue Spielgefährten besorgen«, versprach Yssa und strich der trauernden Dora übers Haar, »sonst stirbt der kleine Vogel noch vor Einsamkeit.«

Aber dazu konnte es schon gar nicht mehr kommen. Als Dora am nächsten Tag, einem Samstag, das verbliebene Tierchen füttern wollte, war der Käfig leer. Nein, das war er gar nicht. Im Käfig lag des Rätsels Lösung. Diesmal war Dorchens Schrei durchdringend:

»Hilfe, eine Schlange!« Von allen Seiten kamen die Menschen zum Baum geeilt. Tatsächlich, im Käfig lag eine aufgeringelte graue Schlange. Hinter ihrem Hals war sie so dick, dass sie nicht mehr zwischen den Gitterstäben des Käfigs hindurchgepasst hatte, nachdem sie den einsamen letzten Fink verspeist hatte. Deshalb hatte sie sich zusammengerollt und im Korbgehäuse zum Verdauungsschlaf hingelegt.

»Du böses Tier, du hast die Vögelchen alle gestohlen und gefressen. Das musst du büßen!« Dora ballte die Hände zu Fäusten und begann zu weinen.

Auch der Vater hatte inzwischen den Tatort erreicht. Er strich seiner Tochter tröstend über die Haare, schaute sich dann das satte, ruhende Tier an und sagte: »Das ist eine Levanteotter. In der Bibel wird sie ›Basilisk‹ genannt. Ihr Biss ist giftig und kann tödlich sein. Jesaja spricht im elften Kapitel von diesem Tier und prophezeit, dass es einmal eine Zeit geben wird, in der ›ein Säugling seine Lust haben wird am Loch der Otter, und ein Entwöhnter wird seine Hand stecken in die Höhle des Basilisken.‹«

»Das ist dann, wenn der verheißene Messias sein Friedensreich aufgerichtet hat«, wusste Benoni.

»Richtig, mein Sohn«, lobte der Vater.

»Ist dann die Schlange nicht mehr giftig, Papa?«, fragte die immer noch ein wenig schluchzende Dora.

»Nein, dann nicht mehr. Aber noch leben wir nicht im Friedensreich des Messias. Noch ist die Levanteotter giftig und gefährlich. Wir sollten sie töten, damit sie niemandem von uns etwas antun kann.«

»Das hat die Schlange auch verdient«, fand Dora. »Sie durfte nicht einfach die Finken fressen. Sie konnte sich ja etwas anderes für ihren Bauch suchen. Also, die Schlange muss sterben, wie die Vögel, die sie gefressen hat.«

»Ich werde das besorgen«, bot Yssa an. »Ich hole mir nur Handschuhe zum Schutz.« Rasch eilte er zu seinen Zelt und kam sofort zurück.

»Schaut hin, Kinder, wie Yssa das macht«, forderte der Vater auf. »Ihr könnt von ihm lernen, wie man eine Schlange fängt, ohne sich selbst zu gefährden.«

Der Hausdiener öffnete den Käfig und griff die Levanteotter geschickt hinter dem Kopf, so dass sie keine Möglichkeit hatte zuzubeißen. Dann ging er mit dem sich heftig wehrenden Tier ein wenig abseits hinter ein Gesträuch, um es zu töten. Er kam bald zurück, im erhobenen Arm die leblose Schlange. Die Kinder sollten sie sich noch einmal genau ansehen können.

Das war lebensnaher Unterricht, wie ihn der gestrenge Onkel Nathan Zeller, Mutters Bruder, in seinem Hausunterricht nicht halten konnte.

Hier draußen machte der Vormittagsunterricht unter dem großen Johannisbrotbaum viel mehr Spaß als im häuslichen Schulraum, und das Lernen fiel Benoni und Hanna und manchmal auch den Kindern von Gästen leichter. Natürlich saß auch Dora immer wieder dabei und lernte mit. Dabei achteten die Eltern gemäß der Warnung ihres englischen Freundes stets darauf, das Kind nicht zu überfordern. Sie überließen es Dora selbst zu entscheiden, wann sie in der Lage war, dem Unterricht zu folgen, und wann sie besser wieder eine Pause einlegte. Vieles lernte das Kind ohnehin von selbst, einfach im Mithören. Warum sich also zu viele Gedanken machen? Dora würde im späteren Leben schon zurechtkommen. Sie war und blieb ja in Gottes Hand. Und der machte es recht mit ihr.

»Immer muss ich nur gehorchen …«

Im Gebet besprachen die Eltern auch ausführlich, wo Hanna und Dora ab 1852 lernen sollten. Hanna würde im September dieses Jahres vierzehn und Dora zehn werden. Für Hanna kam die Ausbildung durch den Hauslehrer und die vom Vater inzwischen gegründete Gemeindeschule an ihre Grenzen. Das Mädchen sollte für ein paar Jahre zurück in die Schweiz gehen und im herrnhutischen Töchterpensionat Montmirail bei Neuchâtel seine weitere Bildung erhalten. Benoni, der Älteste der Kinder, war aus denselben Gründen bereits seit einigen Monaten Schüler eines fernen Internats in England.

Die Eltern überlegten nun ernsthaft, ob ihre Dora nicht mit in die Schweiz gehen sollte. Sie würde dort unter günstigeren Bedingungen als hier im Orient ihre weitere Schulbildung erhalten. Dabei wäre sie fern der Familie nicht alleine und auf sich gestellt und könnte sich an die ältere Schwester halten. Zudem würde der Klimawechsel ihrer gesundheitlichen Entwicklung sicher gut tun.

Allerdings mussten sie das sensible Kind vorsichtig in diese Pläne einweihen. Würde Dora zustimmen? Würde sie sich gegen eine Trennung von den Eltern und den drei jüngeren Geschwistern James, Samuel und Blandina sperren, von Jerusalemer Freunden, vom vertrauten Hausgesinde und der Heimat in Palästina? Oder würde sie sich fügen, weil die Eltern die Sache mit Gott und bei sich selbst beschlossen hatten und sie es gewohnt war, ohne Widerspruch zu gehorchen?

Die Sorge erwies sich als unbegründet. Es wurde für die Eltern nicht schwierig, ihre Tochter für die Pläne zu begeistern. Sie fuhren ja zunächst mit, und die Trennung würde erst nach einer langen und interessanten Reise und einem Aufenthalt im Schloss Beuggen bei Rheinfelden kommen. Dort gäbe es endlich die Gelegenheit, die jüngere Schwester Maria kennen zu lernen, die ja wegen einer Krankheit seit ihrem ersten Lebensjahr bei den Großeltern Zeller aufgewachsen war. Das würde sicher alles sehr gut und schön werden.

Dora erklärte sich einverstanden mit den Plänen der Eltern und bekam sogar so etwas wie Vorfreude auf die kommende Zeit, zumal Vater und Mutter bis zur Abreise noch ein paar Überraschungen bereithielten. Nach der winterlichen Regenzeit sollte es einige Ausflüge mit Pferd und Esel ins Land geben.

Zum Beispiel ging es nach Hebron, in die höchst gelegene Stadt Palästinas, wo die Erzväter Abraham, Isaak und Jakob begraben waren und wo später David einige Jahre als König über Juda regiert hatte und zum König über Israel gesalbt worden war.

Dann machten sie einen Ausflug tief hinunter nach Jericho zum Besuch der ältesten Stadt der Erde, die einst als erste Stadt im Land Kanaan von Josua erobert worden war. Gott selbst hatte damals die Mauern der Stadt einstürzen lassen, nachdem das Volk sie mit starkem Posaunenschall siebenmal umwandert hatte. Welch ein Gotteswunder! Natürlich besuchten sie auch die Stelle am Jordan, wo Jesus der Überlieferung nach von seinem Vorläufer Johannes getauft worden war und wo Gott vom Himmel her die Bestätigung des Heilandes gesprochen hatte: »Dies ist mein lieber Sohn, an welchem ich Wohlgefallen habe.«

Und sie machten noch eine Reise an den tiefsten Punkt der Erde, ans Tote Meer, um dieses Wunder der Natur zu erleben, aber auch an das traurige Schicksal von Sodom und Gomorra zu denken. Selbstverständlich wurde auf dem Weg die »Frau des Abraham-Neffen Lot« begrüßt, die in Folge ihres Ungehorsams zur Salzsäule erstarrt war und nun als Felsgebilde in der Gegend stand.

Dora machten diese Ausflüge mit der Familie viel Spaß. Nicht nur, weil es interessant war, aus der Transportkiste an den Flanken von »Filfil« oder »Pediphor« die abwechslungsreiche Gegend zu betrachten und immer wieder Beduinen und ihren Kamelen und anderen Reisenden zuzuwinken. Nein, das Mädchen lernte bei den Ausflügen immer eine ganze Menge aus der langen und bunten Geschichte Gottes mit seinem Volk. Das zu hören liebte Dora. Die Bibel war unterwegs ja immer dabei, und der Vater oder die Mutter lasen an den einzelnen Stationen die passenden Abschnitte vor, oder sie erzählten sie auch so spannend, dass die großen und kleinen Zuhörer glauben konnten, die an den Geschichten beteiligten Personen kämen gleich persönlich vorbei, um zu bestätigen, dass alles nach biblischer Vorgabe richtig erzählt worden war.

Mitte April schließlich begaben sich Vater und Mutter Gobat mit ihren beiden Töchtern auf die lange Reise nach Europa. Die drei Kleinen mussten leider in der Obhut lieber Menschen zurückbleiben. Diesmal ging es nicht von Jaffa über Malta nach Genua oder Marseille, sondern von Haifa aus über das östliche Mittelmeer nach Triest. Die Hafen- und Handelsstadt Smyrna in der Türkei steuerten sie als Zwischenziel an. Dort gab es eine kleine christliche Gemeinde, deren Anfänge auf die Arbeit des Apostels Paulus zurückgehen mochten. Die Christen dort hatten es nie leicht gehabt, ihren Glauben zu leben. Ihnen war schon in früher Zeit gesagt worden, die Krone des Lebens sei nur durch Treue zu gewinnen. Ein Wort, das auf Dora einen großen Eindruck machte, als sie es hier an seinem historischen Ort vom Vater aus der Offenbarung des Johannes gelesen hörte.

Dann reisten sie weiter mit wechselnden Schiffen durch das Ägäische, das Jonische und das Adriatische Meer nach Triest. Von dort aus ging es über Land hinüber nach Venedig und Mailand. Hier rüsteten sich die Reisenden zur Weiterfahrt mit einem Kremser entlang dem Lago Maggiore nach Airolo in der Schweiz und über den St.-Gotthard-Pass, der Anfang Mai noch tief verschneit und deshalb schwer zu befahren war.

War das ein Erlebnis bei herrlichstem Wetter! Nie zuvor war Dora in solche Höhen gekommen, nie hatte sie einen so herrlichen Ausblick erlebt, nie einen so einzig wunderbaren Überblick über die weite, strahlende und majestätische Welt des Hochgebirges. Hier, auf mehr als 2100 Metern Höhe, bekamen die Worte des 95. Psalm, die der Vater aus dem Gedächtnis zitierte, für die Neunjährige ein ganz besonderes Gewicht, obwohl sie sie schon lange kannte: »Kommt herzu, lasset uns dem Herrn frohlocken ... Denn der Herr ist ein großer Gott und ein großer König über alle Götter. Denn in seiner Hand ist, was die Erde bringet, und die Höhen der Berge sind auch sein. Denn sein ist das Meer und er hat's gemacht, und seine Hände haben das Trockene bereitet. Kommt, lasset uns anbeten und knien und niederfallen vor dem Herrn, der uns gemacht hat. Denn er ist unser Gott und wir das Volk seiner Weide und Schafe seiner Hand ...«

Von der Passhöhe ging es hinunter über Andermatt ins Tal der wilden Reuss bis nach Flüelen am Urner See. Hier wechselten sie das Gefährt und fuhren mit der Postkutsche über die romantische Axenstraße, entlang dem Zuger See, durch die Täler von Reuss und Aare an den Rhein.

Je näher das Ziel rückte, umso größer wurde die Spannung bei den Reisenden. Sie würden nach langer Trennung ihren Lieben wieder begegnen, und Hanna und Dora sollten ihre jüngere Schwester Maria kennen lernen. Die war inzwischen auch schon sieben Jahre alt. Wie die wohl aussah? Ob die fremden Geschwister miteinander auskamen? Was mochte das Mädchen sagen, wenn es erfuhr, dass die Eltern vorhatten, es später mit nach Palästina zu nehmen?

Bald war Schloss Beuggen erreicht, dieses ehrwürdige Gemäuer unmittelbar am Rhein, das früher einmal dem Deutschen Ritterorden gehört hatte und seit 1820 »Armenschullehrer- und Armenkinderanstalt« war. Einer der Gründer und heutige Leiter der Einrichtung war Christian Heinrich Zeller, der Vater von Maria Gobat. Der freute sich bestimmt wie die übrige Familie auf die Begegnung mit seiner Tochter, dem

Schwiegersohn und den Enkeln. Ob sich seine Enkelin Maria auch auf Eltern und Geschwister freute? Sie kannte doch niemanden von ihnen.

Endlich bog der Reisewagen von der Säckinger Straße ab, um durch den Bogen des Torhauses auf das weitläufige Gelände des Schlosses zu fahren. Von den Verwandten war zunächst niemand zu sehen. Nur ein kleines Mädchen stand ein wenig bleich unter einer großen Kastanie. Das musste Maria sein, ihre unbekannte Schwester, ging es Dora durch den Sinn, und sie winkte ihr zaghaft zu. Maria hatte das Zeichen aber wohl nicht gesehen, denn sie winkte nicht zurück. Ob das Mädchen schon lange auf den Reisewagen gewartet hatte? Ob es auch so unruhig und gespannt war wie Dora? Jetzt kamen auch andere Verwandte rasch von allen Seiten herbeigeeilt, um die Ankömmlinge zu begrüßen. Wer die wohl alle waren? Dora kannte sie nur vom Erzählen der Mutter, die hier einmal zu Hause gewesen war.

Der Reisewagen hielt genau vor der Kastanie an. Samuel Gobat stieg als Erster aus, nahm sein Kind gleich auf die Arme und drückte es warm an sich. »Maria, mein Liebes«, hörte Dora ihn sagen. Die Mutter konnte sich nicht gleich so herzlich gegenüber dem Kind geben, das sie schüchtern und fremd und fast ein wenig abweisend anschaute. Vielleicht war es auch, weil die Mutter die Schwangerschaft mit ihrem nächsten Kind nicht mehr unter ihrer Kleidung verbergen konnte.

Dann stiegen auch die beiden Mädchen aus der Kutsche, während die Eltern bereits die anderen Verwandten begrüßten. Hanna ging zuerst auf ihre kleine Schwester zu und gab ihr vornehm die Hand. Eine junge Dame einem bezopften Mädchen. Ihr schien das komisch vorzukommen.

Die zierliche Dora dagegen ging mit ausgestreckten Armen und lachendem Blick auf Maria zu. »Du willst meine jüngere Schwester sein? Du bist ja größer als ich.«

»Dazu kann ich aber nichts«, gab die zurück und warf damit alle verbliebenen Hemmungen ab. »Vielleicht gab es hier im Schloss besseres Essen als bei euch im Orient, und ich bin deshalb größer gewachsen.«

»Vielleicht warst du aber auch nicht so krank wie ich«, entgegnete Dora.

»Seit ich damals die Ruhr hatte und deshalb bei den Großeltern bleiben musste, war ich wirklich nicht mehr richtig krank«, bestätigte Maria. »Kannst du denn trotzdem mit mir auf dem Schlossgelände toben oder ...?«

»Ich werde gerne mit dir spielen. Nur haben mir die Eltern wildes Toben verboten. Das ist nicht gut für meinen Kopf, sagen sie immer«, gab Dora mit einem Seitenblick auf die Eltern zurück.

»Wollen wir trotzdem ein bisschen im Park springen? Mir hat niemand das Toben verboten. Ich kann dir das Gelände zeigen«, schlug Maria vor und wollte Dora schon an der Hand hinter sich herziehen.

»Ja, später. Ich muss erst die Großeltern begrüßen und die anderen Verwandten. Unsere Mutter hat mir genaue Weisung gegeben, wie ich mich hier verhalten darf. Ich möchte niemanden kränken.«

Damit ließ Dora ihre neue Schwester für eine Weile stehen, obwohl sie viel lieber das Schlossgelände erkundet hätte. Aber das kam sicher später.

Selbstverständlich erkundeten die beiden Schwestern bald gründlich das Schlossgelände und die nähere Umgebung am Fluss. Maria hatte hier in Beuggen unter der Obhut der Eltern ihrer Mutter und der geliebten Tanten offenbar eine größere Freiheit genossen als Dora bei den Eltern in Jerusalem. Ihre Mutter bekam immer wieder Anlass, wegen eines Ungehorsams ihrer Töchter unmutig zu werden. Irgendwann platzte dann ihrer Dora – inzwischen war sie zehn geworden – einmal der Kragen: »Immer muss ich nur gehorchen. Nie darf ich einmal tun, was ich möchte«, maulte sie. »Maria ist noch nicht acht und hat viel mehr Freiheit als ich.«

»Da magst du Recht haben, mein Kind«, gab die Mutter ruhig und durchaus verständnisvoll zurück. »Aber sie wird es auch noch lernen, ihren Eltern besser zu gehorchen.«

»Die Ärmste«, entfuhr es Dora, und sofort handelte sie sich einen bösen Blick ihrer Mutter ein, dazu eine scharf gesprochene Rüge. Die Mutter dachte einen Augenblick nach. Dann sagte sie: »Gut, Kind, wenn du es so möchtest, darfst du morgen einmal machen, was du willst.«

»Ich darf wirklich machen, was ich will?«, fragte das Kind ungläubig zurück.

»Wie ich es gesagt habe«, bestätigte die Mutter. »Nur bleib im Schloss, auf dem Hof oder im Garten. Kannst du damit einverstanden sein?«

»Gerne, Mamá, bin ich damit einverstanden«, rief Dora freudig und blieb allein mit der wunderbaren Vorstellung, am nächsten Nachmittag tun und lassen zu können, was sie wollte.

Dann kam der nächste Nachmittag. Dora begab sich in den Hof und spazierte eine Weile zwischen den Bäumen hin und her und an der Mauer zum Rhein entlang, ging auch einmal in den Garten und schaute ein paar Bediensteten der Lehrerbildungsanstalt bei ihrer Arbeit zu. Dann ging sie weiter und beobachtete zwei spielende Eichkätzchen und eine Meisenfamilie, die sich im Gesträuch vergnügte. Zurück an der Mauer versuchte sie, Steinchen in den Fluss hinüberzuwerfen. Nachdem sie den Pferden im Stall einen Besuch abgestattet und sich die verschiedenen Wagen in der Remise angeschaut hatte, wusste sie nicht mehr, was sie noch tun sollte. Warum mussten die beiden Schwestern auch ausgerechnet heute mit dem Vater und dem Großvater unterwegs sein? Die anderen Menschen auf dem Gelände hatten für sie keinen Blick. Sie hatten wohl auch anderes zu tun, als sich mit einer gerade Zehnjährigen abzugeben.

Missmut zog in das Herz des Mädchens ein. Wie gut, dass die Mutter gerade über den Hof kam, um vom Haupthaus in eines der Nebengebäude zu gehen. Dora lief rasch hinüber zu ihr und fragte, ohne groß darüber nachzudenken: »Weißt du, was ich jetzt tun könnte, Mamá?«

Die Antwort kam kurz und knapp: »Was du möchtest, mein Kind.« Damit war die Mutter auch schon im Haus verschwunden. Als sie später den gleichen Weg zurückkam, stellte ihr die Tochter dieselbe Frage. »Du weißt doch, dass du heute machen darfst, was du willst. Ich sage dir nichts«, bekam sie zur Antwort.

Der Missmut in Doras Herzen wuchs und wuchs. Er wurde zu richtigem Ärger, zu Ärger über die Mutter, über ihre Schwestern, die ihr fehlten, über den großen Bruder Benoni, dessen Besuch für die nächsten Tage angesagt war, der aber eben heute noch nicht da war, zu Ärger über sich selbst und ihr Verhalten gegenüber der Mutter. Warum hatte sie der Mutter auch widersprochen? Das war bei den Gobat-Kindern nie üblich gewesen und immer als ungehörig empfunden worden. Die Eltern gaben vor, was jeweils gut und richtig und sinnvoll war, und ihren Weisungen und Mahnungen hatten die Kinder zu folgen gelernt. Gehorsam gegenüber den Eltern war selbstverständlich gewesen.

Es war nicht gut gewesen, der Mutter zu widersprechen, dachte Dora jetzt, nein, das war nicht gut gewesen. Zu ihrem Missmut und Ärger gesellte sich ein schlechtes Gewissen. Sie war ungehorsam gewesen, zum ersten Mal bewusst ungehorsam. Über dieser Erkenntnis kamen dem Mädchen auf der Bank unter einer Kastanie tatsächlich die Tränen. Die plötzliche Erkenntnis, die Mutter mit ihrem Verhalten betrübt zu haben, ließ noch mehr Tränen fließen. Und es ließ in ihr den Vorsatz entstehen, sich dafür möglichst bald zu entschuldigen. Die Sache musste aus der Welt. Eher würde sie sich nicht wieder richtig freuen können, war Dora sich sicher, und deshalb sprang sie auf und rannte hinüber zum Haus, um möglichst sofort die Mutter zu finden.

Sie fand sie am Fenster ihres Zimmers sitzen, ein Nähzeug in den Händen. Die reuige Sünderin blieb an der Tür stehen.

»Mamá, ich möchte …«, begann sie leise und mit gesenktem Blick ihren Versuch der Entschuldigung. Die Mutter sagte nichts. Ihr Nähzeug schien ihr wichtiger als das Anliegen der Tochter. Das Mädchen ging einen Schritt näher zu ihr hin. »Bitte, Mamá, verzeih mir.« Jetzt schaute die Mutter endlich von ihrer Handarbeit auf. Die Augen der beiden trafen sich für einen kurzen Moment. Dora standen Tränen in den Augen.

Sie setzte zum dritten Mal an: »Bitte, verzeih mir, Mamá. Ich weiß, es war unrecht von mir, dir zu widersprechen.« Hörte die Mutter nicht? Oder wollte sie nicht hören? »Bitte, Mamá«, wiederholte das Mädchen noch einmal.

Endlich, nach einer vermeintlichen Ewigkeit, sagte ihre Mutter: »Komm zu mir, Kind.« Erst zögernd und dann mit ein paar schnellen Schritten bewegte sich Dora durch das Zimmer und ließ sich von der Mutter in die Arme nehmen. »Es ist gut, mein Kind. Der Heiland verzeiht alles, wenn jemand seine Schuld erkennt und zugibt. Warum sollte ich dir nicht verzeihen?« Sie drückte das schluchzende Mädchen fest an sich. »Ich hoffe, du hast aus der Geschichte gelernt, was es bedeuten kann, nur tun zu wollen oder auch nur tun zu können, was einem selbst gefällt.«

»Danke, Mamá«, nickte Dora mit einem letzten Schluchzer, »ich habe es gelernt. Ist jetzt alles wieder gut?«

»Es ist alles wieder gut«, bestätigte die Mutter. »Du magst dennoch draußen sein und auf deine Schwestern und auf Papa und Großvater warten. Sie kommen bald zurück.«

Leichtfüßig sprang Dora hinaus auf den Hof, um sich irgendwie zu beschäftigen und auf ihre Lieben zu warten. Sie nahm sich vor, die Lektion dieses Tages nie wieder zu vergessen und immer zu fragen, ob das gut sei, was sie gerade wieder selbst gerne wollte. Nein, sie wollte nicht wieder leichtfertig schuldig werden dadurch, dass sie sich ihrem Eigenwillen hingab, nicht an Menschen und noch weniger an Jesus, ihrem Heiland.

Ihrem Heiland? Merkwürdig, sie war erst zehn Jahre alt und fragte sich seit diesem Tag immer wieder, ob denn Jesus eigentlich wirklich ihr Heiland sei. Das Lied eines schlichten älteren Fräulein, das als Hilfskraft in der Küche der Lehrerbildungsanstalt Beuggen beschäftigt war, tat das Seine dazu, dass diese Frage in Dora nicht verstummte. Es musste ein neues Lied sein, das Mädchen hatte es nie zuvor gehört. Aber der Text hakte sich schon beim ersten Hören in seinem Gedächtnis fest. Wie hatte doch das schlichte Fräulein gesungen?

»Wo findet die Seele die Heimat, die Ruh?
Wer deckt sie mit schützenden Fittichen zu?
Ach, bietet die Welt keine Freistatt mir an,
wo Sünde nicht kommen, nicht anfechten kann?
Nein, nein, nein, nein, hier ist sie nicht.
Die Heimat der Seele ist droben im Licht.
...
Wie selig die Ruhe bei Jesu im Licht!
Tod, Sünde und Schmerzen, die kennt man dort nicht.
Das Rauschen der Harfen, der liebliche Klang
bewillkommt die Seele mit süßem Gesang.
Ruh, Ruh, Ruh, Ruh, himmlische Ruh
im Schoße des Mittlers, ich eile ihm zu ...«

Um die Antwort auf die Frage nach der Heimat der Seele und nach ihrer Ruhe musste Dora noch einige Jahre kämpfen, bis sie ihr endlich geschenkt wurde. Zunächst aber kamen ganz andere Fragen auf das Mädchen zu.

Die Zeit in Beuggen ging ihrem Ende zu. Benoni war nach seinem Besuch bei Eltern und Geschwistern vor einigen Wochen bereits wieder abgereist. Es war kein leichter Abschied, denn niemand konnte sagen, wann und wo sie sich wieder sehen würden. Der sechzehnjährige Schüler eines englischen Colleges war gerade zur rechten Zeit gekommen, um die Geburt seines jüngsten Bruders zu erleben. Anfang August war Friedrich-Wilhelm zur Welt gekommen. Das kleine Menschlein hatte seinen Namen zur Ehre des preußischen Königs erhalten.

Der Säugling war gerade zwei Monate alt, als er mit seinen Eltern und den drei Mädchen auf die Reise ging. Für seine Schwester Maria war es ein schwerer Abschied. Sie musste sich für unbestimmte Zeit von den geliebten Großeltern und den Tanten verabschieden, die ihre »Eltern« und »Geschwister« gewesen waren, und von vielen anderen lieben Menschen auf dem Schlossgelände, die ihr in den vergangenen sieben Jahren ihrer Kindheit zu Freunden geworden waren. Aber inzwischen hatte das Mädchen die richtigen Eltern ja ein wenig kennen gelernt, und die leisen Beziehungen zu ihnen würden sicher wachsen. Dass sie sich nach so kurzer Zeit bald schon wieder von Hanna und Dora würde trennen müssen, die in der Schweiz auf ein Internat gehen sollten, war auch nicht schön.

Auch Dora fiel der Abschied aus Beuggen schwer, war er doch die Vorstufe für den viel schlimmeren Abschied von den Eltern, dem neuen Brüderchen und Maria, der nun mit großen Schritten immer näher kam. Nur wenige Tage noch, dann würde sie mit Hanna in Montmirail zurückbleiben und für vier lange Jahre von den Lieben getrennt leben. Das würde eine harte Zeit werden. Aber es war nun einmal der Wunsch der Eltern, dass sie im dortigen Internat der frommen Herrnhuter eine geordnete und erweiterte Schulbildung erfahren sollte. Und was es hieß, dem Wunsch und Willen der Eltern zu trotzen und zu widersprechen, hatte sie ja vor kurzem erst gelernt. Gut, dass wenigstens die große Schwester in ihrer Nähe blieb, und dass sie die Ferien der nächsten Jahre im Schloss bei den Großeltern in Beuggen verbringen sollte.

An einem frischen Oktobermorgen 1852 rollte der eng besetzte und reich bepackte Reisewagen durch das Torhaus vom Schlossgelände auf die Säckinger Straße in Richtung Basel.

Hier hatte der Vater im alten Missionshaus an der Leonardstraße noch einiges zu tun, ehe die Fahrt weiterging. Dora und Hanna wussten, die nächste Station war für sie unwiderruflich das Ziel. Die jüngere der beiden künftigen Internatsschülerinnen saß still und in sich gekehrt im Reisewagen und hatte keine Augen für die herbstlichen Schönheiten des Jura.

Die Begegnung mit den Verwandten in Crémines, bei denen sie übernachteten, vermochte Dora nicht aufzuheitern. Sie kannte diese Menschen ja nicht. Und da war auch niemand, der einen besonderen Eindruck auf sie gemacht hätte, außer einer von Vaters Schwestern.

Tante Sophie, eine Krankenschwester, ging auf eine besondere Art mit Dora um. Die Tante verstand, dass es für ein noch so junges Mädchen nicht leicht war, vier lange Jahre von der Familie getrennt zu werden und nur auf fremde Menschen angewiesen zu sein. Sie hatte Dora gesagt, ihr Arbeitsplatz sei nicht weit von Montmirail entfernt, und beide Gobat-Nichten dürften sie gerne dort in Préfargier besuchen, wo sie eine der Leiterinnen eines Hauses für psychisch kranke Menschen war. Den Weg dorthin könne man leicht zu Fuß zurücklegen. Das war für Dora ein Lichtblick am dunklen Horizont.

Am nächsten Tag ging es dann weiter durch die Täler bis hinunter an den Bieler See. Aber auch heute war Dora wenig interessiert an den Dingen rechts und links der Straße. Allerdings konnte sie auch wenig sehen, denn sie saß eingeklemmt zwischen der neuen Erzieherin, einem Fräulein Luise, und dem neuen Diener, Friedrich, einem jungen Mann aus Schwaben, die beide als Bedienstete des Bischofshauses mit nach Palästina reisen sollten. Auch von den Gesprächen im Wagen mochte sie entgegen ihrer sonstigen Neigung nichts hören.

Dora grollte innerlich, und sie litt schon jetzt an Heimweh. Könnte sie doch nur im Wagen sitzen bleiben und mit den anderen weiterreisen. Hanna schien der bevorstehende Abschied nichts auszumachen. Sie konnte gerne allein in Montmirail bleiben und Französisch und Englisch und Deutsch und Mathematik und noch mehr lernen. Nein, Dora wollte nicht! Innerlich stampfte das Mädchen mit dem Fuß und schimpfte mit der Mutter, wie neulich in Beuggen. Aber sofort war Dora sich wieder bewusst, dass ihre Haltung nicht recht war. Die Eltern hatten diese Entscheidung mit Gott besprochen, wie sie gesagt hatten. Und so musste sie nun auch ausgeführt werden. Dora mühte sich darum, innerlich ruhig zu werden. Die Zeit der Trennung und des Alleinseins würde auch vorbeigehen. Punkt.

Gegen Abend erreichte die Reisegesellschaft ihr Ziel: das Töchterpensionat Montmirail. Doras Familie machte hier für die Nacht Station, ehe die Fahrt am nächsten Morgen nach Genf weiterging. Der endgültige Abschied war also noch einmal für einige Stunden aufgeschoben.

Nach dem gemeinsamen Frühstück des nächsten Tages war es dann so weit. Kurz und heftig war der Abschied, mit vielen Zusprüchen für die beiden Mädchen und mit vielen Tränen bei den Töchtern und der Mutter. Der Vater blieb stark, zumindest nach außen. »In vier Jahren in Jerusalem, meine Kinder. Gott segne euch, und der Heiland Jesus Christus sei mit euch. Schalom!« Dann stieg der große Mann in das Gefährt, in dem die Mutter mit Maria, dem neugeborenen Fritzli, wie Friedrich-Wilhelm von seinen Geschwistern genannt wurde, und den beiden neuen Bediensteten bereits Platz genommen hatte.

Der Kutscher gab seinen Tieren mit der Peitsche das Signal, und schon rumpelte der Reisewagen vom Gelände des Pensionats. Die beiden neuen Schülerinnen blieben zurück, winkten dem Wagen noch ein paar Augenblicke nach, hielten sich noch schluchzend in den Armen, nahmen dann schnell ihre Kräfte zusammen und gingen zurück ins Haus, wo der Ernst des neuen Lebensabschnitts bald mit der ersten Unterrichtsstunde und dem Kennenlernen all des Neuen begann.

Im Schweizer Pensionat

Dora fiel das Lernen leicht. Sie war mit einem aufgeweckten Geist beschenkt. Da spielte der jeweilige Gegenstand eine untergeordnete Rolle. Sie lernte auch gerne. Es machte ihr Spaß, sich als die Jüngste von ihren neun Mitschülerinnen der »Stube« mit den anderen zu messen. Entsprechend wurde sie hier und da von einer Lehrerin gelobt und den Mitschülerinnen, auch denen der anderen vier »Stuben«, als Vorbild hingestellt. Auch bei dem würdigen Herrn Direktor war sie gut angesehen. Mit dessen kleiner Tochter durfte sie zuweilen spielen. Diese besondere Gunst und die gelegentliche Bestätigung, zu den Besten zu gehören, machten Dora Freude, manchmal war sie sogar ein wenig stolz.

Stolz machte sie auch noch etwas anderes. Nicht die Tatsache, dass sie immerhin die Tochter des anglikanischen Bischofs für Palästina war. Das war ihr zwar auch wichtig, so dass es die anderen gelegentlich zu hören bekamen. Nein, es war etwas ganz anderes, was sie stolz machte. Dora konnte erzählen. Hierin trug sie ein gutes Erbe von Vater und Mutter. Sollte sie etwa dieses Talent nicht zeigen dürfen? Sie hatte aus ihrem jungen Leben ja auch schon einiges zu erzählen.

Wer außer ihr – und Hanna natürlich – hatte denn schon auf schlingernden Segelschiffen, auf stinkenden, stampfenden Dampfschiffen und sogar einem englischen Militärschiff das stürmische Mittelmeer befahren? Wer hatte in der Davidsstadt Jerusalem gewohnt und die heiligen Stätten des Gottesvolkes, des Christentums und des Islams besucht, hatte mit Pferden und Eseln Palästina bereist? Wer war schon mit dem Reisewagen über den Sankt Gotthard gefahren? Ja, und wer hatte denn schon einmal einen giftigen Skorpion unter seinem Kopfkissen gehabt und einer richtigen Schlange über den Körper streichen können? Sie, das Küken des Pensionats, hatte in ihrem zehnjährigen Leben schon so viel erlebt wie ihre Mitschülerinnen alle zusammen nicht.

Wenn sie Gelegenheit hatte zu erzählen, wurde sie als Jüngste und Zierlichste im Pensionat zum Mittelpunkt kleiner Kreise aus den fünf »Stuben«. Die Gelegenheiten dazu ergaben sich häufig, weil die Mitschülerinnen sich gerne um sie scharten. Im Mittelpunkt stehen zu können, das war etwas für Dora! Das ließ sie sogar immer wieder das Heimweh vergessen, das zuweilen ganz schön an ihr nagte. Manchmal bekam sie dadurch sogar Fieber und die bekannten Kopfschmerzen.

Schlimme Tage gab es, als Dora und ihre Schwester im Sommer 1853 die Nachricht aus Jerusalem erhielten, dass es ihrer Mutter sehr schlecht ginge und auch Fritzli sehr krank sei. Dora litt die Krankheiten der Mutter und des kleinen Brüderchens in der Schweiz mit. Aber ihr schlechter gesundheitlicher Zustand war bei einer guten, liebevollen Versorgung in der Krankenstube nicht von langer Dauer, und Dora konnte nach dem Unterricht und nach Beendigung der Hauspflichten wieder erzählen.

Irgendwann fragte dann einmal eine Mitschülerin aus einer anderen »Stube«, ob das denn eigentlich alles stimme, was Dora ihnen so spannend und in blumenreicher Sprache erzählte. »Übertreibst du nicht häufig bei deinen Geschichten?«, fragte sie. »Oder erzählst du uns sogar Märchen wie ein orientalischer Märchenerzähler?«

Dora erschrak zutiefst. »Willst du sagen, dass ich lüge? Zweifelst du etwa an der Wahrheit meiner Geschichten?«, fragte sie ungläubig.

»Manchmal zweifle ich schon ein bisschen«, nickte das Mädchen. »Manches klingt so sehr unwahrscheinlich. Du müsstest eigentlich schon ein paarmal gestorben sein, wenn das alles stimmt.«

Dora wurde ein wenig verlegen. »Hier und da magst du Recht haben. Es ist wohl so, dass ich schon mal ein bisschen übertreibe«, gab sie ehrlich zu und hängte schnell wie entschuldigend an: »Das machen alle Erzähler so. Das macht die Geschichten doch interessanter.«

Die anderen Mädchen, die mit in der Runde saßen und den beiden schweigend zugehört hatten, ergriffen jetzt Partei für Dora. »Sie hat doch Recht«, meinte eine. »Ein bisschen Übertreibung darf schon sein. Das macht die Geschichten spannender und würziger. Das schadet der Wahrheit doch kaum.«

»Und uns macht es Spaß, solche Geschichten zu hören«, rechtfertigte eine andere Doras Erzählungen. »Keine von uns konnte bisher über die Alpen schauen und das Mittelmeer befahren. Da ist es doch schön, solche Sachen zu hören. Und nachprüfen können wir doch sowieso nicht, ob das alles wirklich so war.«

»Das müssen wir auch gar nicht«, bestätigte eine Dritte. »Wir können doch auch nicht feststellen, ob es den ›Knecht Uli‹ von Jeremias Gotthelf aus dem Emmental wirklich gibt oder ›Elsi, die seltsame Magd‹ oder die anderen Personen seiner Geschichten, von denen wir jetzt im Unterricht gelesen haben.«

»Und der Jeremias Gotthelf ist sogar noch Pfarrer, der von seiner Kanzel sicher die Wahrheit des Evangeliums predigt und trotzdem solche schönen Geschichten erfindet und schreibt. Erzähl du ruhig so weiter, Dora«, machte die Erste dem Mädchen Mut, sich nicht irremachen zu lassen, »uns machst du jedenfalls Freude damit.«

Dora war nun aber doch unruhig geworden. Sie meinte jetzt: »Ich werde sehen, ob und wie ich weiter erzähle.« Dann entschuldigte sie sich rasch und gab vor, sie sei plötzlich sehr müde und glaube, die Kopfschmerzen machten sich wieder bemerkbar. Das war allerdings ein Vorwand, um sich in ihre »Stube« zurückziehen zu können. Hoffentlich waren nicht viele ihrer Mitschülerinnen im Raum. Dora wollte allein sein und nachdenken.

In Wirklichkeit hatte sich ihr nämlich ein Satz im Kopf festgehakt, der ihr zu schaffen machte. »Das schadet der Wahrheit doch kaum«, hatte eine der Mitschülerinnen gesagt. »Kaum« hieß soviel wie »wahrscheinlich nicht« oder »vermutlich nicht«, hatte Dora gelernt. Bestand also die Möglichkeit, dass sie der Wahrheit schadete? Waren ihre Geschichten mit den Ausschmückungen und Übertreibungen, deren sie sich durchaus bewusst war, vielleicht sogar Lügenmärchen, Geschichten voller richtiger Lügen? War sie durch ihre fantastischen Erzählungen wirklich zur Lügnerin geworden?

Dora geriet beim Nachdenken in innere Not. Eine Gobat-Tochter lügt doch nicht! Lüge ist Sünde! Sünde betrübt Gott. Und sie stört und zerstört das menschliche Miteinander. So hatten es die Eltern ihren Kindern immer wieder deutlich gemacht und sie angehalten, immer mit der Wahrheit zu leben.

Bei ihrem inneren Hin und Her kam Dora ein Bibelwort aus dem letzten Kapitel der Offenbarung des Johannes in den Sinn. Da war die Rede »von den Lügnern, deren Teil sein wird in dem Pfuhl, der mit Feuer und Schwefel brennt«. Da wollte sie doch nicht hin. Sie wollte doch einmal in den Himmel kommen und nicht ihr Ende in der Hölle finden. Bei diesem schlimmen Gedanken wurde es dem Mädchen heiß und kalt. Nein, sie würde nie wieder Geschichten erzählen, wenn sie nicht der vollen Wahrheit entsprachen. Hatte nicht auch der Apostel Paulus den Christen in Ephesus etwas über die Lüge geschrieben? Dora schlug ihre Bibel auf und suchte die Stelle. Richtig, da stand es im vierten Kapitel: »Darum leget die Lügen ab und redet die Wahrheit ein Jeglicher mit seinem Nächsten, sintemal wir untereinander Glieder sind.«

Ja, so wollte sie es in Zukunft halten. Sie wollte keine Lügen mehr reden und dadurch Sünde auf sich laden. Sie wollte die Wahrheit sagen und ein gutes Gewissen haben können, wie es die Bibel beschrieb.

Freilich, das war zuweilen recht mühsam und kostete sie immer wieder Kampf. Hatte der Vater denn nicht auch immer wieder sehr interessant und fantasievoll von seinen Erlebnissen und Abenteuern in Abessinien und Ägypten und sonst wo erzählt? Hatte der denn dabei gelogen? Nein, niemals! Das konnte nicht sein! Samuel Gobat, Bischof von Jerusalem, war kein Lügner! Lebendig erzählen zu können war eine seiner vielen Begabungen. Die Mutter konnte doch auch sehr gut erzählen. Wie hatte sie als Kleine an ihren Lippen gehangen, wenn sie die Geschichten des Alten und des Neuen Testaments erzählte, so dass man meinen konnte, Josef, David oder Daniel und Jesus oder Paulus kämen gleich durch die Tür! Und ihre Mutter war doch auch keine Lügnerin. Niemals war sie das! Und die Gabe der Erzählkunst hatte sie, Dora, offenbar von beiden Eltern geerbt.

Oder ging es vielleicht gar nicht um Lüge und Wahrheit, sondern um ihren Stolz und gekränkte Ehre, weil eins der Mädchen sie in Frage gestellt hatte? Hatte sie sich zu wohl gefühlt als gelegentlicher Mittelpunkt im Kreis der Mitschülerinnen, und die Bemerkung dieses Mädchens hatte sie von ihrem hohen Ross heruntergeholt? Nach der Bibel waren Stolz oder »Hoffart« auch Sünde! »Gott widerstehet den Hoffärtigen, aber den Demütigen gibt er Gnade«, und: »Ein stolz Herz ist dem Herrn ein Gräuel und wird nicht ungestraft bleiben.« Diese Worte aus den Sprüchen Salomos und dem ersten Petrusbrief waren Dora lange bekannt. Sie schüttelte sich bei dem Gedanken, Gott könnte sie für ihr hochmütiges Verhalten bestrafen und ihr seine Gunst und Liebe entziehen. Nein, sie wollte Kind Gottes sein und ein Freund des Heilandes. Was also?

Dora war hin- und hergerissen in ihren Gedanken. Nicht zuletzt deshalb zog sie sich für eine Weile aus den Zusammenkünften ihrer Mitschülerinnen zurück. Sie wollte der Versuchung entgehen, wieder zum Mittelpunkt einer Gruppe zu werden. Nicht länger den eigenen Stolz nähren und nicht erneut in die Gefahr der Lüge geraten, weil ihr Erzähltemperament mit ihr durchging!

In dieser Zeit innerer Not wurde das Heimweh nach den Eltern und dem Jerusalemer Zuhause wieder stärker, weil sie hier Trost hätte finden können. Aber dann suchte Dora Hilfe und Rat bei Tante Sophie Gobat. Die schönen Spaziergänge hinüber nach Préfargier taten ihr gut, und die Begegnungen mit der lieben Tante waren das, was sie jetzt brauchte. Obwohl Tante Sophie unverheiratet war, hatte sie etwas Mütterliches an sich, das dem heranwachsenden Mädchen fern von Vater und Mutter einfach fehlte.

Die große Schwester konnte Dora immer weniger verstehen. Hanna war Dora in der Entwicklung davongeeilt und konnte manchen Gedanken der jüngeren Schwester nicht mehr nachvollziehen. Sie, die Ältere, war nun schon fast erwachsen, und die Kleine war ja noch ein Kind. Als Hanna 1855 an ein anderes Bildungsinstitut nach Genf ging, war es umso wichtiger für Dora, dass sie bei Tante Sophie einen Zufluchtsort hatte, den sie immer wieder aufsuchen konnte. Mit Hannas Auszug aus Montmirail spürte Dora wieder starkes Heimweh nach den Eltern, das ihr sehr zu schaffen machte.

Aber der himmlische Vater hatte in seiner Liebe schon auf seine Weise für Dora gesorgt und schickte eine neue Schülerin ins Pensionat nach Montmirail. Eine der beiden Erzieherinnen von Doras »Stube«, eine ältere, ein wenig schwerhörige Dame, brachte die Neue herein, als es gerade sehr lebhaft im Raum zuging. Es dauerte einige Augenblicke, bis die neun Mädchen nach mehrfacher Aufforderung des Fräuleins ruhig wurden und sich ihr endlich zuwandten, um zu hören, was es gebe. Dann richteten sich alle Augen auf die blasse und schlanke Gestalt im vornehmen Rüschenkleid. Wer mochte das wohl sein? Sicher eine neue Mitschülerin, denn ein Bett im Raum war frei.

»Ab heute seid ihr wieder vollständig in eurer Stube«, begann die Erzieherin. »Ich bringe euch Florence Barker als neue Mitschülerin. Sie kommt aus England und bleibt für ein Jahr hier in Montmirail, um mit uns zu leben und ihr Deutsch zu verbessern. Nehmt sie unter euch auf als eine Schwester und Freundin. Macht ihr das Einleben leicht und helft ihr bei sprachlichen Problemen. Vergesst nicht, dass ihr eine Gemeinschaft christlicher Mädchen seid, die der Liebe Christi verpflichtet ist. Ihr wisst, was der Apostel Paulus in seiner Epistel an die Römer sagt: ›Nehmet euch untereinander auf, gleichwie euch Christus hat aufgenommen zu Gottes Lobe.‹ Und jetzt lasse ich euch mit Florence allein.« Damit überließ sie das neue Mädchen ihren Mitschülerinnen und deren neugierigen Blicken und Fragen.

Wenngleich das englische Mädchen einen schüchternen Eindruck machte, wandte es sich jetzt doch an die Mädchen und gab einer nach der anderen die Hand, ohne dabei mehr zu sagen, als die Antwort einzelner Fragen erforderte. Ob sie sich noch nicht traute, ihr Deutsch anzuwenden? Dabei schaute sie mit ihren sanften, braunen Augen jedes Mädchen für einen Moment genau an, als wollte sie ergründen, was es denn für ein Mensch sei. Vielleicht wollte sie auch nur die neuen Namen gleich mit den zugehörigen Gesichtern verbinden können.

Als sie Doras Name hörte, huschte ein Lächeln über ihr Gesicht, und sie meinte ein wenig stotternd, dass sie den Namen Gobat kenne. »Du bist Tochter von Bischof Gobat?«, fragte sie.

»Ja, das bin ich«, gab Dora freudig zurück. »Kennst du meinen Vater?«

»Nicht persönlich«, antwortete Florence, »aber im Haus von meinen Eltern sein Name wurde oft genannt.«

»Und woher kennen deine Eltern …?«, fragte Dora nach.

Florence erzählte: »Mein Vater ist ein Pastor in London, und er hat gute Verbindungen mit der anglikanischen Missionsgesellschaft in London. Für diese Mission dein Vater hat gearbeitet, bevor er wurde Bischof.« Sie zögerte einen Moment, dann fragte sie: »Können wir sein Freunde?«

»Wenn ich für dich nicht zu jung bin? Ich bin erst zwölf, und du bist bestimmt schon älter als fünfzehn«, wandte Dora ein.

»Ich bin achtzehn. Aber das Alter hat nicht Bedeutung, Dora. Menschen nur müssen sich verstehen gegenseitig, wenn sie sein wollen Freunde. Und wenn du bist Christ, der liebt Jesus, dann wir können verstehen uns und sein Freunde.«

Dora reichte dem englischen Mädchen noch einmal die Hand und schaute ihr glücklich in die schönen Augen: »Dann wollen wir gerne Freunde sein, wenn ich auch nicht weiß, ob ich Jesus so liebe, wie du ihn vielleicht liebst. Aber was ist mit den anderen Mädchen?«

»Ich möchte haben gute Beziehungen mit allen. Aber zum sein Freunde gehört mehr«, gab Florence zurück und fragte dann: »Welches Bett ist meines?«

»Dein Bett steht neben meinem«, freute sich Dora.

»Das ist gut«, war die Freude auch auf der Seite der Neuen. »Dann wir können zusammen reden besser und vielleicht auch beten. Du betest?«

Diese englische Pfarrerstochter stellte ja vielleicht Fragen in ihrem Deutsch mit dem so lustig ausgesprochenen R, ging es Dora durch den Kopf. So direkt hatte sie in diesem Haus der frommen Herrnhuter noch niemand gefragt. Hier gab es zwar täglich die Morgenandacht zum jeweiligen Losungswort der Brüdergemeinde. Dazu kamen an den Sonntagen und an besonderen Feiertagen schöne Gottesdienste mit vielen Liedern und einer guten Predigt. Aber darüber hinaus gab es kaum eine besondere geistliche Beschäftigung der fünfzig Mädchen. Guter Unterricht und sinnvolle Beschäftigung in der Freizeit hatten Vorrang.

Wie also sollte Dora diese Frage beantworten? »Ich bete für mich meine Morgen- und Abendgebete. Ich habe hier noch nicht mit jemand anderem zusammen gebetet«, sagte sie und fügte gleich hinzu: »Vielleicht können wir ja schon mal zusammen beten?«

Ob die anderen acht Mädchen der »Stube« von diesem Gespräch noch etwas mitbekommen hatten? Sie waren nach der kurzen Begrüßung der Neuen längst wieder zu ihren lauten Gesprächen zurückgekehrt und hatten manches miteinander zu lachen.

Florence Barker lebte sich bald in der Gruppe ein. Von ihrem stillen Wesen ging eine merkwürdige Ausstrahlung aus. Irgendwie wurde die Stubenatmosphäre stiller und höflicher. Sie mochte es nicht leiden, wenn es unter den Mädchen einmal Streit und Zickigkeiten gab. Dann war sie den Tränen nahe, griff liebevoll ein und pflegte den betreffenden Mädchen zu sagen: »Bitte, tut nicht wieder das. Streit ist nicht gut. Böse Worte verletzen ein das andere. Wir wollen aber wohl uns tun untereinander.«

Florence wusste auch ein gutes Mittel, wie die Atmosphäre dauerhaft positiv beeinflusst werden konnte. Sie schlug vor, jedes Mädchen möge abwechselnd sonntags einen Spruch aus der Bibel auswählen und ihn sauber auf einen Zettel schreiben. Dieser Spruch solle dann für die Woche unter dem Spiegel angebracht werden. So könne ihn jedes Mädchen lesen, wann immer es vor den Spiegel träte. Dieser Spruch solle so etwas sein wie eine Wochenlosung für die ganze »Stube«. »Ich selbst mache den Anfang«, sagte sie und hielt ihren Spruch schon bereit. Es war ein Vers aus dem Brief an die Kolosser: »Über alles aber ziehet an die Liebe, die da ist das Band der Vollkommenheit.«

»Wir müssen lernen diese Liebe«, erklärte Florence. »Es ist die Liebe Jesu Christi. Er selbst ist die Liebe.«

Dora erklärte sich sofort bereit, den Spruch für die folgende Woche auszuwählen und anzubringen. Sie schrieb dann einen Vers aus ihrem Lieblingsevangelium, dem des Matthäus: »Kommet her zu mir alle, die ihr mühselig und beladen seid, ich will euch erquicken.«

Andere Mädchen reihten sich ein. Allerdings gab es zunächst

auch einzelnen Widerspruch, der sich im Lauf der Zeit aber legte. Schließlich wetteiferten die Mädchen sogar darum, wer denn als Nächste die Wochenlosung ausgeben durfte. Ganz nebenbei gewöhnten sich die Schülerinnen daran, die Lektüre der Bibel zur regelmäßigen Übung werden zu lassen. Dank Florence Barker!

Es wurde nach und nach viel ruhiger und heiterer im Raum. Wenn das englische Mädchen am Abend in seiner Bibel las, mochte niemand mehr so laut sein, dass Florence beim Lesen gestört wurde. Schon gar nicht, wenn sie laut auf Englisch und Deutsch ihr Nachtgebet sprach. So hatten die Mädchen noch nie eine ihres Alters beten gehört, so innig, so schlicht und natürlich, als spräche ein Kind mit seinem Vater. Nun ja, Florence war doch etwas älter als die meisten von ihnen. Also war sie wohl auch schon reifer.

Vor allem in Doras Herz nistete sich die Sehnsucht ein, auch so beten zu können. Sie hatte hier ja bisher nicht laut gebetet. Und wie einer leise in seinen Gedanken und in seinem Herzen betete, war etwas ganz anderes, als richtige Sätze zu formulieren und sie dann laut auszusprechen.

Und noch eins änderte sich durch dieses Mädchen: Florence machte ohne besondere Worte ihren Kameradinnen deutlich, dass sie ihr Verhalten gegenüber den beiden Erzieherinnen ändern müssten. Die beiden Damen taten ihr jedes Mal Leid, wenn sie gegen die mangelnde Disziplin der Mädchenschar ankämpfen mussten. Der englischen Pfarrerstochter war schon bei der ersten Begegnung aufgefallen, dass die Beziehungen der Mädchen zu ihren Erzieherinnen nicht in Ordnung waren. Wie lange hatte das ältere Fräulein neulich warten müssen, bis die Mädchen endlich bereit waren, die Ankunft der Neuen zu bemerken und der Begrüßung zuzuhören. Das war nicht in Ordnung gewesen. Auch mit der anderen Erzieherin gingen sie häufig nicht so um, wie es sein müsste. Diese jüngere Dame war nämlich krank und daher nicht sehr stark in ihrer Durchsetzungskraft. Diese Schwäche nutzten die Mädchen immer wieder zu ihrem eigenen Vorteil aus.

Florence machte es anders. Sie versuchte, den beiden Erzieherinnen ebenso wie anderen Lehrkräften hin und wieder eine kleine Freude zu bereiten, indem sie einfach freundlich und höflich war, sich bückte, wenn es etwas aufzuheben galt, einen Botengang anbot, wenn er erforderlich schien, und auch gelegentlich ein paar Blumen auf den Tisch legte. Es war schon erstaunlich, welche Wirkung dieses meist stille Beispiel hatte. Die beiden Erzieherinnen lernten das Lachen wieder und eine Freundlichkeit, die sie bisher nie hatten zeigen können. Und die Mädchen lernten, Liebe nach der Weisung der ersten Wochenlosung von Florence zu leben. Die hatte ihren Zettel nicht verschwinden lassen, sondern einfach an einer anderen Stelle des Raumes an der Wand befestigt, damit dieses Gebot der Bibel nicht verloren ging und jedem Mädchen der »Stube« vor Augen blieb.

Ihr Beispiel wirkte sich bald auch auf das Zusammenleben im ganzen Pensionat aus. Florence aber lehnte in ihrer Bescheidenheit jeden Dank ab und wies auf ihren himmlischen Vater hin. Denn der hatte ihr eigenes Leben so verändert, dass ihr Verhalten für sie eine selbstverständliche Frucht ihres Glaubens und ihrer Gottesliebe war.

Nach dieser Gottesliebe begann Dora sich mehr und mehr zu sehnen. Neben der Freundin kam sie sich nahezu ungläubig vor. Sie kannte zwar die Bibel sehr gut, kannte viele bedeutsame Abschnitte des Alten und Neuen Testaments auswendig und wusste zu allen wichtigen Versen die Stelle. Aber eine solch innige Beziehung zu Gott und zu Jesus, wie Florence sie lebte, kannte sie nicht. Wenn sie doch nur auch so glauben könnte! Irgendetwas in Dora hinderte sie daran, es der Freundin gleichzutun. Was das war, wusste sie selbst nicht.

Im Frühjahr 1856 ging Doras Zeit im Herrnhuter Mädchenpensionat zu Ende. Es waren gute, in vieler Beziehung lehrreiche Jahre gewesen. Die Lehrerinnen und Erzieherinnen waren mit ihrer nun dreizehnjährigen Schülerin sehr zufrieden. Aber wie hatte schon der Prediger Salomo gesagt? »Ein Jegliches hat seine Zeit, und alles Vornehmen unter dem Himmel hat seine Stunde.« Also galt es, Abschied zu nehmen von der vertrauten Stätte und von lieb gewordenen Menschen.

Besonders schwer fiel Dora der Abschied von Florence. Dieses liebe Mädchen war ihr wirklich eine Freundin geworden, ein Vorbild im Glauben und eine geistliche Wegweiserin, auch wenn die Bischofstochter ihren eigenen Weg im Glauben noch nicht gefunden hatte. Schade, dass sich ihre Wege nach einem knappen Jahr schon wieder trennten. Ob die beiden sich je wieder sehen würden? Das wusste Gott. Er konnte es gnädig schenken, dass ihr Kontakt nicht auf Briefe beschränkt blieb.

Ihre Tante Sophie würde die junge Nichte sicher eher wiedersehen. Der Abschied von ihr fiel Dora nicht ganz so schwer, auch wenn das Mädchen ihre Wärme und ihren Zuspruch vermissen würde. Dafür würde sie demnächst ihre Schwester Hanna wieder sehen und dann auch ihren Vater in die Arme schließen. Der hatte nämlich mitgeteilt, dass er nach England reisen müsse und sie sich auf dem Weg in Genf bei Mutters Freundin, Madame Fazy, begegnen würden. Nach seiner Rückkehr aus London würde er die Töchter dann zu einer Rundreise zu Verwandten nach Württemberg und schließlich zu den Großeltern nach Beuggen abholen und später mit nach Jerusalem nehmen. Herrliche Aussichten, die Doras Abschiedstränen von Montmirail bald trocknen ließen.

Die Reise nach Genf entlang dem Lac de Neuchâtel, hinunter nach Lausanne an den Lac Léman und an dessen Nord-West-Ufer bis nach Genf war einfach herrlich. Den ganzen Tag die weithin strahlende weiße Gipfelkette der Savoyer Alpen mit dem majestätischen Mont Blanc als höchstem Punkt vor Augen. Diesmal konnte sich Dora nicht satt sehen an den

Schönheiten entlang der Straße und bis weit an den Horizont. Welch wunderbare Natur und Schöpfung Gottes! Welch herrlich blühendes Kulturland, von fleißiger Menschenhand bearbeitet und gepflegt.

Und dann das Wiedersehen mit Hanna, die anerkennen musste, dass ihre kleine Schwester inzwischen gar nicht mehr so klein war, in ihrem Verstand gewachsen und auch körperlich allmählich fraulich werdend – hübsch und gut anzusehen. Mutters Freundin, Madame Fazy, strahlte Herzlichkeit und Liebe aus. Eine ihrer ersten Taten für Dora war es, sie neu einzukleiden. Die Garderobe, die sie aus Montmirail mitgebracht hatte, war dem Stadtleben nicht angemessen. Das heranwachsende Mädchen erkannte sich vor dem Spiegel im Kaufhaus auf den ersten Blick gar nicht wieder. Sie freute sich wie eine Prinzessin über die Geschenke der vornehmen Freundin der Familie.

Genf, welch eine schöne Stadt! Welch ein Kontrast zum orientalischen Jerusalem! Wunderbar waren die weiten Spaziergänge vom Haus der Freunde aus durch die engen, verwinkelten Gassen der Altstadt rund um die schöne, altehrwürdige Kathedrale, der geschickte Bauleute im vergangenen Jahrhundert eine neue Fassade verpasst hatten. Das Geburtshaus von Jean-Jacques Rousseau erinnerte an den großen französischen Philosophen und Schriftsteller des 18. Jahrhunderts, der mit seinen Ideen maßgeblich die Französische Revolution beeinflusst hatte. Das Collège St. Antoine erinnerte an Johannes Calvin, den großen Reformator der Kirche, der Genfs Ruf als »protestantisches Rom« begründet hatte.

»Weißt du noch seinen wichtigen Satz über die Christen?«, fragte Hanna ihre Schwester auf einem der Spaziergänge.

»Du meinst wohl den«, antwortete Dora: »›Wir gehören nicht uns – wir gehören Gott an.‹ Gut gelernt, meinst du nicht auch?«

»Gut gelernt reicht nicht, Dora. Wie ist das mit dir?«, fragte die große Schwester.

»Du erschreckst mich mit der Frage«, gab Dora zu. »Manchmal weiß ich, dass ich Gott gehöre. Manchmal weiß ich es nicht. Ich bete, und es ist mir, als käme mein Gebet nicht an und ich bekomme keine Antwort. Dann wieder bin ich glücklich, weil ich Jesus an meiner Seite weiß.«

»Dann bist du dir deines Heils nicht gewiss?«, blieb die Schwester hartnäckig.

»Manchmal ja, manchmal nein, Hanna, ich wäre es gerne zu jeder Zeit«, antwortete Dora ehrlich, »aber ich gebe die Hoffnung nicht auf, dass ich es werde.«

»Vielleicht hilft dir der Konfirmandenunterricht, den du bald bei Papa in der Heimat bekommst. Mir hat er geholfen. Und jetzt lass uns an die Rhône hinuntergehen.«

Die beiden Mädchen nahmen sich an den Händen und sprangen ausgelassen den Altstadthügel hinunter an den Fluss und dann seinem Lauf entlang an den See. Hier schlenderten sie über die Promenade am Ufer entlang, um später auf anderem Weg zum Haus ihrer Gastgeberin zurückzukehren.

Immer wieder machten Dora und Hanna solche Spaziergänge. Madame Fazy gewährte den beiden Mädchen volles Vertrauen und große Freiheit. Gerne standen sie für eine Weile auf einer der sieben Rhône-Brücken, besuchten die neuen Gärten rechts und links des Flusses oder schauten im Hafen den Fischern zu, die ihren Fang zum Verkauf herrichteten, und den Händlern, die mit ihren Booten von Lausanne oder von Montreux herübergekommen waren oder ihre Schiffe für die Rückfahrt beluden. Wenn dann einmal ein Schiff mit Fahrgästen anlegte, wurde es erst recht interessant. Menschen zu sehen und zu beobachten und dabei zu überlegen, was diese und jene wohl für Leute seien, war eine recht interessante Beschäftigung. Manchen sah man ihren höheren oder niederen Stand an der Kleidung an, bei anderen war das nicht so leicht zu erkennen.

Also machten die beiden Mädchen sich gegenseitig Vorschläge und hatte ihren Spaß daran.

Immer wieder suchten sie auch den Platz auf, wo die Postwagen ankamen und die Fahrgäste ausstiegen. Wenn der Vater doch nur bald käme! Er wollte doch längst hier sein. Aber ihn hatte wohl irgendetwas Unvorhergesehenes aufgehalten, wie das auf großen Reisen immer wieder vorkam. Dora und Hanna kannten solche Unannehmlichkeiten von ihren eigenen Reisen über das Mittelmeer.

Endlich kam der Moment, in dem die Töchter sich mit Lachen und Weinen in die Arme des großen Mannes werfen konnten, als er aus dem Postwagen von Lyon stieg. Samuel Gobat war tatsächlich auf einer anderen Route nach Genf gekommen, als die beiden Mädchen erwartet hatten. Schade, dass er die Mutter nicht hatte mitbringen können. Die musste sich in Jerusalem um Maria, James, Samuel und Blandina kümmern. Fritzli gab es leider schon lange nicht mehr. Der kleine Kerl war kaum ein Jahr alt geworden, als die Eltern und Geschwister ihn schon wieder an den Himmel hatten abgeben müssen. Auch kümmerte sich die Mutter um die Gemeinde und das Bischofsbüro. Die Freude der beiden Mädchen auf sie musste also noch eine Weile Vorfreude bleiben.

Leider konnte sich der Bischof von Jerusalem – als solcher war der Vater unterwegs – nur zwei Tage bei den Freunden und Gastgebern seiner beiden Töchter aufhalten, ehe er schon wieder weiterreisen musste, um möglichst bald nach London zu kommen. Tröstlich war, dass er nach Beendigung seiner Pflichten unverzüglich nach Genf zurückkehren wollte, um die Mädchen abzuholen. Aber vier Wochen würde es schon dauern.

Im Juni kam er dann nach Genf zurück und holte seine Töchter ab, um mit ihnen zunächst zu den Verwandten in Crémines im Berner Jura zu reisen, später Freunde und Verwandte im Württembergischen zu besuchen und dann auch wieder in Beuggen zu sein.

Menschlich schön und geistlich sehr bereichernd waren für Dora die Begegnungen im Pfarrhaus von Onkel Carl-Friedrich und Tante Therese Werner, die eine von Mutters Schwestern war. Den beiden Pfarrersleuten in Fellbach bei Stuttgart mit ihrer großen Familie lagen das württembergische Gemeinschaftsleben und die Basler Mission sehr am Herzen, und sie setzten sich nach Kräften für die Sache Jesu und das Reich Gottes im Land und in der Welt ein. Von ihnen konnten Dora und Hanna eine Menge lernen für die Ausrichtung der eigenen Gedanken und die Frage, was Gott von seinen Leuten erwartete.

Ein ausgesprochener Missionsfreund war auch Dr. Christian Gottlob Barth, Prediger in Calw im lieblichen Nagold-Tal im Schwarzwald, Junggeselle und gleichaltriger Freund des Vaters. Die Gobat-Töchter hatten ihn vor einiger Zeit bereits in Montmirail kennen gelernt, als er zu einem Besuch der Kinder seines Freundes auf der Durchreise Station machte. Er war ein fröhlicher Mensch, immer zu einem Scherz aufgelegt, aber auch voller ernster Gedanken. Er hatte das schöne Lied von Chr. D. Barth, des Miterbauers von Herrnhut, »Sonne der Gerechtigkeit«, um ein paar Strophen erweitert und es dadurch zu einem richtigen Missionslied gemacht:

»... Weck die tote Christenheit
aus dem Schlaf der Sicherheit;
mache deinen Ruhm bekannt
überall im ganzen Land.
Erbarm dich Herr.
Tu der Völker Türen auf,
deines Himmelreiches Lauf
hemme keine List noch Macht.
Schaffe Licht in dunkler Nacht.
Erbarm dich, Herr.

Gib den Boten Kraft und Mut,
Glaubenshoffnung, Liebesglut,
lass viel Früchte deiner Gnad
folgen ihrer Tränensaat.
Erbarm dich, Herr.«

Besonders eine Strophe eines anderen Liedes von Barth, »Der du in Todesnächten erkämpft das Heil der Welt«, ging Dora nach. Das Lied war zugleich ein Gebet, und die letzte Strophe bewegte das Mädchen besonders:

»Es kann nicht Friede werden,
bis deine Liebe siegt,
bis dieser Kreis der Erden
zu deinen Füßen liegt,
bis du im neuen Leben
die ausgesöhnte Welt
dem, der sie dir gegeben,
vors Angesicht gestellt.«

Friede? Dora wusste, dass sie noch keinen inneren Frieden hatte. Noch hatte die Liebe Jesu in ihr nicht gesiegt. Noch war sie zu viel Weltkind, in dessen Leben der Heiland nur immer wieder einmal vorkam. Noch lag sie nicht wirklich Jesus zu Füßen, noch lebte sie im alten Leben und nicht in einer ausgesöhnten Welt. Dora wusste genau, dass sie sich bald entscheiden musste, auf welcher Seite sie leben wollte. Das Hin und Her war schwer für sie, aber sie hatte noch keinen Mut, sich irgendjemandem anzuvertrauen. Lange durfte das jedoch nicht mehr weitergehen mit dieser Ungewissheit …

Die letzten Sommerwochen verbrachte Dora mit Vater und Schwester bei den Großeltern Zeller in Beuggen. Vor der Rückkehr nach Jerusalem noch ein paar Tage im Schloss sein zu können war schön, auch wenn über der Zeit die Ahnung lag, es könnte das letzte Mal sein, dass sie die beiden sehen würden. – Tatsächlich starben sie 1858 und 1860, ohne dass die beiden Jerusalemer Enkelinnen ihre Großeltern noch einmal gesehen hätten.

Mit dem Herbstanfang 1856 begab sich dann der Vater mit seinen beiden Töchtern auf die lange und beschwerliche Reise nach Hause zu den Lieben in Palästina. In wechselnden privaten Reisewagen und verschiedenen Postwagen ging es durch die Schweiz nach Lyon. Von dort fuhren sie mit einem Schiff die Rhône abwärts nach Marseille und von dort mit einem neuen Dampfschiff übers Mittelmeer. In Jaffa gelangten sie ohne Schwierigkeiten an Land und konnten sich über besondere Begrüßungsgaben der Mutter freuen: In der Hafenherberge warteten doch tatsächlich neue Reitkleider, Hüte und Schleier auf Dora und Hanna und drei gute Pferde für sie und den Vater, mit denen die Reise hinauf nach Jerusalem leicht werden würde.

Zwei Tage nach der Ankunft an der palästinensischen Küste kam der glückliche Tag, den die Mädchen seit langem herbeigesehnt hatten: Sie konnten die Mutter in die Arme schließen. Gemeinsam weinten sie Tränen der Freude über das Wiedersehen nach mehr als vier Jahren Trennung, schauten sich immer wieder an, ob die andere sich auch nicht zu sehr verändert habe, um sich dann erneut in die Arme zu fallen, bis schließlich die jüngeren Geschwister forderten, die Schwestern auch begrüßen zu dürfen. Für sie war der Vater in diesen Minuten ein wenig Nebensache. Den hatten sie ja vor einem halben Jahr noch gesehen.

Wie hatten sich die »Kleinen« in den vier Jahren verändert, wie waren sie gewachsen, die zwölfjährige Maria, James, inzwischen zehn, Samuel acht und Blandina sechs, alle wohl genährt und gesund aussehend und vom Sommer her noch braun gebrannt. Dora und Hanna hatten dagegen die blasse Farbe eines Schweizer Käses, beinahe zum Schämen. Aber das würde sich sicher im Laufe der Zeit ändern, spätestens im kommenden Sommerlager in Lifta vor den Toren der Stadt.

Herrlich und zum Danken, dass die Geschwisterschar wieder zusammen war. Wenn jetzt Benoni noch da wäre, dann wäre die Familie endlich einmal vollzählig. Aber darauf musste bis zum nächsten Sommer gewartet werden. Dann wollte Benoni für ein paar Wochen kommen.

Heute galt es zu feiern, dass der gnädige und barmherzige Gott und Vater im Himmel in den vergangenen Jahren jeden großen und kleinen Gobat an seinem Platz versorgt und bewahrt hatte. Sie sangen und beteten, aßen und tranken und hatten manchen Spaß zusammen mit viel Erzählen, bis schließlich den Kleinen die Augen zufielen und sie bereits schlafend in ihre Betten getragen wurden. Glückliche Dora – kein Heimweh mehr, endlich wieder zu Hause bei Vater und Mutter, bei den Geschwistern, endlich wieder im Bischofshaus im geliebten Jerusalem!

Sommerglück und eine Entscheidung

Die nächsten Tage verliefen für die Bischofsfamilie zunächst nach dem Rhythmus, an den Dora sich noch gut erinnerte. Um acht Uhr gab es eine Morgenandacht zum jeweiligen Losungstext des Tages. Danach wurde reichlich und mit viel frischem Obst gefrühstückt. Welch ein Unterschied zu dem vergleichsweise kargen Frühstück im Pensionat von Montmirail! Der übliche Vormittagsunterricht für die Schulkinder fiel in der ersten Woche noch aus. Dafür machten sie kürzere und längere Spaziergänge und Ausritte in die Stadt und ihre Umgebung, um bekannte Plätze wieder zu entdecken und um zu sehen, was sich in den vergangenen Jahren verändert hatte. Selbstverständlich mussten auch die alten Bekannten besucht werden, zum Beispiel Konsul Dr. Rosen und seine Familie oder die Crawfords aus England, die das Evangelium unter der jüdischen Bevölkerung verkündigten. Sie waren mit dem Londoner Arzt verwandt, der mit seinen Ratschlägen zu Doras gesundheitlicher Besserung beigetragen hatte; dazu die Missionarsfamilie Sandreczki und andere. Sie wollten doch alle gerne wissen, was aus den beiden »Schweizerinnen« Dora und Hanna geworden war.

Auf diesen Wegen gab es jetzt einen besonderen Begleiter. Vor Jahren hatten die Jerusalemer Gobat-Kinder aus dem Haus des preußischen Konsuls Dr. Rosen einen jungen, gelb und weiß gezeichneten Wachtelhund als vierbeinigen Spielkameraden geschenkt bekommen. »Kutschuk«, »der Kleine«, liebte es, nach draußen mitgenommen zu werden, und bedankte sich durch fröhliches Gebell, eifriges Schwanzwedeln und Männchenmachen. Vor dem brauchte niemand Angst zu haben. Für das Volk Israel waren Hunde schon immer unreine Tiere gewesen, und die Bezeichnung »Hund« wurde im auserwählten Volk Gottes seit den Zeiten des Alten Testaments als Schimpfwort gebraucht. Die Gobats als Christen störten sich nicht daran. Ein Hund im Haus diente ja auch nicht nur dem Vergnügen, sondern auch dem Schutz gegen ungebetene Gäste. Auch Dora freundete sich mit dem Hündchen an, nahm es immer wieder zu Gängen in die Stadt mit und fühlte sich dabei sicherer, als wenn sie alleine durch das Menschengewühl der engen Gassen gehen musste.

Ab der zweiten Woche zu Hause waren die Vormittage für das Mädchen Arbeitszeit. Die vierzehnjährige Dora wurde ebenso wie die achtzehnjährige Hanna in Ermangelung eines Hauslehrers zu Lehrerinnen der jüngeren Geschwister ernannt. Zu den Schülern gehörten auch die vier Kinder der Familie Crawford. Da ging es lebhaft zu. Die Kinder waren schwer zu bändigen und auf den Unterrichtsstoff zu konzentrieren. Auch wenn sich Dora viel Mühe gab, ihr eigenes Wissen an die jüngeren Geschwister weiterzugeben – die Aufgabe war ihr doch sehr schwer. Zudem spürte sie, wie mangelhaft ihr Wissen war, trotz eines guten Fundaments, das von früher her und von den Jahren in Montmirail gelegt war. Sie wollte viel lieber selbst lernen, auch wenn sie es allein und ohne Lehrer tun musste.

Die Eltern hatten dann ein Einsehen. Im Frühjahr 1857 stellten sie einen Hauslehrer für die jüngeren Kinder ein. Das gab Dora Gelegenheit, im Selbststudium ihr Wissen zu erweitern. Doch eine Schülerin behielt sie: ihre kleine Schwester Blandina. Dieses Mädchen in die Anfangsgründe von Schreiben, Rechnen und Lesen einzuführen, machte Dora Freude. Die Sechsjährige war im Vergleich zu ihren Brüdern brav und leicht zu lenken. Diesen Unterricht wollte Dora schon gerne noch eine Weile weiterführen.

Für ihr eigenes Studium kamen dem Mädchen zwei Dinge entgegen. Zum einen war das die hübsche kleine Wohnung mit Ausblick auf den Teich Hiskia, die sie mit Hanna gleich nach ihrer Heimkehr im Nachbarhaus hatte beziehen können. Das Bischofshaus war für die gewachsene Familie zu klein geworden. Deshalb hatten die Eltern das Nachbarhaus gemietet. Die beiden Mädchen hatten hier sogar ihre eigene Magd, die für Ordnung und Sauberkeit im Haus sorgte. In den eigenen Räumen ließ es sich ungestört arbeiten und lernen. Hier konnten sie auch wunderbar singen und musizieren, ohne dass sich jemand gestört fühlte.

Das andere Entgegenkommen war Vaters Bibliothek, die Dora von jetzt an häufig aufsuchte. Dort standen genug Bücher in verschiedenen Sprachen, die sie lesen und durcharbeiten konnte. Bücher über den Ablauf der Weltgeschichte, mehrbändige Werke über die Entstehung und die Geschichte der Reformation Luthers, Zwinglis und Calvins, Bücher über Literatur, eine Menge theologischer Fachbücher und Aufsatzsammlungen. Es war schwierige Kost für eine Heranwachsende, aber sie arbeitete sie gründlich durch. Da störte es sie auch nicht, dass manche Bücher in Englisch oder Französisch geschrieben waren. Sie hatte diese Sprachen ja gelernt und immer wieder angewendet.

Nachschlagewerke aller Art wurden künftig für Dora zu ständigen Begleitern bei ihrem Selbststudium. Jedes Wort, das sie nicht kannte oder dessen Sinn sie nicht verstand, schlug sie nach und trug es mit seiner Bedeutung in ein Heft ein. So schuf sie sich ihr eigenes Lexikon. Diese Übung wurde ihr zu einer guten Gewohnheit, die sie auch in ihrer späteren Arbeit beibehielt.

Eine andere Möglichkeit, ihr Wissen zu erweitern, war für Dora ihre Fähigkeit zuzuhören. Schon als Kind hatte sie es geliebt, in der Nähe von Vater und Mutter zu sitzen, wenn sie Besuch hatten. Was da besprochen wurde, war für sie immer interessant gewesen.

Auch jetzt saß sie, wenn Vater oder Mutter und der jeweilige Besucher keine Einwände hatten, wie vor Jahren im Erker des Salons oder an einem Tisch in einer Ecke des Raumes, anscheinend mit einer Arbeit beschäftigt, und hörte mit gespannter Aufmerksamkeit den Gesprächen zwischen den Eltern und Gästen aus aller Herren Ländern zu. Was erfuhr sie da nicht alles über die Welt und ihre fortschreitende Entdeckung, über den technischen Fortschritt durch neue Erfindungen, über politische Veränderungen in den Ländern der Erde, über theologische Fragen und ihre Diskussion in Gemeinden und Synoden, über den Fortgang der Weltmission, über Fragen des gelebten Glaubens ... Schon immer war in ihrer Familie ebenso viel Englisch wie Deutsch gesprochen worden, das Dora auf diese Weise leicht gelernt hatte. Es waren für Dora kostbare Stunden, die ihren geistigen und geistlichen Horizont erweiterten.

Doch alle diese Dinge vermochten nicht, die immer noch

offene Frage ihrer Schwester Hanna zu beantworten. Wie hatte die damals vor dem Haus von Johannes Calvin in Genf gefragt? Dora stand diese Frage immer wieder einmal ganz groß vor Augen: »Dann bist du dir deines Heils nicht gewiss?«

Jedes Mal, wenn sie diese Frage bedrängte, musste Dora sich wieder eingestehen, dass sie noch keine Antwort gefunden hatte. Das trieb sie um, machte sie unruhig und nahm ihr die Freude. Aber es brachte sie nicht dazu, sich einem Menschen zu offenbaren, um endlich zu einer Antwort zu kommen. Da musste erst noch ein ganzes Jahr vergehen, bis der Geist Gottes persönlich dem Mädchen zur entscheidenden Antwort ihres Lebens verhalf.

Im Sommer 1857 kam zur großen Freude für Eltern und Geschwister Benoni aus England nach Jerusalem. Für einige Monate war die Familie des Bischofs tatsächlich einmal vollzählig. Das wurde eine herrliche Zeit draußen in Lifta gemeinsam mit den Familien Crawford und Sandreczki, mit geistlicher Gemeinschaft in Andachten, Gottesdiensten und Missionsberichten, mit Musik, Gesang, Spiel und Spaß in einem großen Zeltlager. Vormittags wie in allen Sommern zuvor gab es wieder Unterricht unter dem geliebten Johannisbrotbaum. In diesem Jahr erteilte ihn zum Leidwesen der Kinder im Lateinalter ein neuer Lehrer: Benoni. War der große Bruder vielleicht streng! Ein Glück, dass nach dem Lagersommer Herr Schneller den Unterricht wieder übernehmen würde.

Wie jeden Sommer erlebten sie auch diesmal ein Abenteuer und eine besondere Bewahrung. Dora, Hanna und Maria bewohnten ein gemeinsames Zelt neben dem der Eltern und dem von Blandina und Fräulein Luise, ihrem Kindermädchen. In diesen drei Zelten brannte in der Nacht eine Öllampe. Die Jungen hatten nie ein Licht in ihrem Schlafzelt. Sie hatten doch keine Angst davor, dass irgendein Tier sich in ihr Zelt verirren oder jemand Unbefugtes sie vielleicht im Schlaf stören könnte. Und Licht störte doch nur beim Schlafen.

»Wir sollten auch das Licht in unserem Zelt löschen«, schlug Dora eines Abends vor.

»Recht hast du«, stimmte Maria zu, »wir sind doch genauso mutig wie die Jungen.« Auch Hanna war einverstanden, und so brannten in dieser Nacht die Lichter nur in zwei Zelten.

Als Samuel Gobat und seine Maria am frühen Morgen aufwachten, stellten sie fest, dass seine Kleidung verschwunden war – mit allen Schlüsseln der Stadtwohnung und verschiedenen Wertgegenständen, die sich in den Taschen befunden hatten. Dazu fehlten einige Gegenstände aus dem Zelt. Alles, was den Dieben im Lichtkegel der Lampe brauchbar erschienen war, hatten sie mitgenommen. Und das alles völlig unbemerkt! Die Eltern Gobat erschraken nachträglich einigermaßen heftig. Diebe im Lager! Und offenbar hatte niemand auch nur das Geringste gemerkt, kein Mensch und kein Tier! Das war schon merkwürdig.

Rasch erhob sich der Vater von seinem Lager, um zu sehen, ob die Räuber auch in anderen Zelten Beute gefunden hatten. Sie hatten tatsächlich. Im zweiten beleuchteten Zelt fehlte die Kleidung von Blandina. Mindestens einer der Diebe musste ein Kind ihres Alters haben. Wer sonst konnte mit der Kleidung einer Siebenjährigen etwas anfangen?

Das dritte Zelt, in dem in den vorherigen Nächten noch Licht gebrannt hatte, hatten die Diebe nicht mehr besucht. Sie hätten nichts darin sehen können. Also waren sie mit ihrer Beute aus den beiden Zelten so leise verschwunden, wie sie gekommen waren. Keinem hatten sie ein Leid getan. Der Schaden hielt sich also in Grenzen.

Das Erstaunen der kleinen und großen Gobats und des Personals war allerdings groß, als sie in der Helligkeit des Morgens vor allen Zelten Steine fanden und große Knüppel, die am Abend dort nicht gelegen hatten. Die mussten die unbekannten nächtlichen Besucher zurückgelassen haben. Die Menschen auf dem Platz hatten allen Grund, in großer Dankbarkeit tief durchzuatmen. Wie sehr hatte Gott sie doch bewahrt! Was hätten die Räuber wohl gemacht, wenn sie bei ihrem bösen Unterfangen gestört worden wären? Hätten sie mit den Steinen und Knüppeln zugeschlagen und vielleicht getötet? Nicht auszudenken, wenn es dazu gekommen wäre. Wem aber hatte die Familie diese Bewahrung zu danken?

»Mir«, beanspruchte Dora. »Ich habe in unserm Zelt den Vorschlag gemacht, das Licht zu löschen. Hätte es gebrannt, hätten die Diebe unser Zelt auch besucht, und eine von uns wäre bestimmt wach geworden und hätte vor Schreck geschrien.«

»Und dann hätten die Räuber sicher zugeschlagen und wir wären jetzt tot«, ergänzte Hanna.

»Das ist ja ein furchtbarer Gedanke«, schüttelte sich die Mutter.

»Ich glaube, wir haben unsere Bewahrung dem Hund zu verdanken«, mutmaßten James und Samuel fast gleichzeitig.

Die beiden ernteten fragende Blicke von allen Seiten.

Samuel erklärte: »Hätte Kutschuk gebellt, als die Diebe bei den Eltern in ihrem Zelt waren, wären sie aufgewacht. Und wir anderen wahrscheinlich auch. Und dann hätten die Gauner wahrscheinlich ...«

»Hör auf, Junge«, unterbrach der Vater seinen jüngsten Sohn und lenkte die Gedanken in die einzig richtige Richtung. »Du hast wahrscheinlich Recht. Aber wer hat dem treuen Tier die Augen und die Schnauze zugehalten?«

»Das war der Vater im Himmel«, ließ sich Blandina sofort hören, »der kann so was machen.«

»Richtig, mein Kind«, bestätigte der Vater und drückte dann aus, was alle dachten: »Der Vater im Himmel, unser gnädiger Herr und Gott, hat seine Engel gesandt, dass sie uns behüten sollten. Und sie haben es getan.«

»Dann sollten wir jetzt Gott die Ehre geben und ihm für die Bewahrung danken. Wo ist eigentlich Maria?«

»Die schläft noch«, gab Hanna Auskunft, während Dora merkwürdig still und mit einem verschlossenen Gesicht bei ihnen stand. Irgendetwas beschäftigte das Mädchen über die augenblickliche Sache hinaus. Dora ging zum Zelt, um die Schwester zu wecken und zu holen.

Es dauerte ein paar Minuten, bis Maria kam. Sie hatte von all den Dingen überhaupt nichts mitbekommen und erschrak nun sehr, als sie erfuhr, was sich ereignet hatte.

Nach einem kräftigen Gebet des Vaters, das auch die Fürbitte für die Übeltäter enthielt, schallte es laut und fröhlich vom Hang bei Lifta:

»… Gott, ich danke dir von Herzen,
dass du mich in dieser Nacht
vor Gefahr, Angst, Not und Schmerzen
hast behütet und bewacht,
dass des bösen Feindes List
mein nicht mächtig worden ist.
…
Führe mich, o Herr, und leite
meinen Gang nach deinem Wort;
sei und bleibe du auch heute
mein Beschützer und mein Hort;
nirgends als bei dir allein
kann ich recht bewahret sein!

Meinen Leib und meine Seele
samt den Sinnen und Verstand,
großer Gott, ich dir befehle
unter deine starke Hand.
Herr, mein Schild, mein Ehr und Ruhm,
nimm mich auf, dein Eigentum.

Deinen Engel zu mir sende,
der des bösen Feindes Macht,
List und Anschlag von mir wende
und mich halt in guter Acht,
der auch endlich mich zur Ruh
trage nach dem Himmel zu.«

Dora wurde beim Singen heiß und kalt. Da war sie wieder, diese Frage, die sie immer noch nicht beantwortet hatte, die Frage nach den Eigentumsverhältnissen und der Heimat der Seele. Blitzartig schoss dem Mädchen das Lied jenes schlichten Küchenfräuleins in Beuggen durch den Kopf: »Wo findet die Seele die Heimat, die Ruh?« Dazu tauchte der bekannte Satz des Genfer Reformators wieder vor ihrem inneren Auge auf: »Wir gehören nicht uns – wir gehören Gott an«. Und wem gehörte sie? Hatte ihre Seele eine Heimat?

Dora stahl sich aus dem Kreis der Familie, griff im Vorbeigehen nach einer Jacke aus ihrem Zelt – ihr war plötzlich kalt geworden, obwohl die Sonne den Platz inzwischen in Licht und Wärme getaucht hatte – und setzte sich etwas abseits unter einen Feigenbaum. Sie musste jetzt alleine sein. Sie musste nachdenken und wollte dabei nicht gestört werden. Gut, dass der Vater Maria zurückrief, die ihr anscheinend hatte folgen wollen.

Dora nahm den Kopf zwischen die Hände, der zu brummen begonnen hatte. Zum Glück waren das nicht die Zeichen ihrer immer noch ab und an auftretenden Kopfschmerzen. Jetzt jagten sich einfach die Gedanken um ihr Seelenheil. Was wäre jetzt mit ihr, wenn die Räuber der Nacht zugeschlagen hätten? Wenn sie jetzt tot wäre, ja, wo wäre sie dann? Im Himmel? In der Hölle? Warum fand sie keine Antwort auf diese Frage? Was lag ihr da im Weg? Was hinderte sie nur, eine eindeutige, verbindliche Entscheidung für ein Leben mit Jesus zu treffen?

Dora fand keine Antwort, so sehr sie auch in sich selbst danach suchte. Sie fand allerdings auch jetzt keinen Mut, sich irgendjemandem mit ihrer Not anzuvertrauen. Schließlich wischte sie die Tränen ab, die sie unter dem Feigenbaum geweint hatte, setzte ein entschlossenes Gesicht auf, streckte sich und begab sich zurück in den Kreis ihrer Familie, die sich längst zum Frühstück niedergelassen hatte und dabei immer noch das Geschehen der Nacht bedachte, wobei die Schlafmütze Maria das Ziel fröhlichen Spottes war.

Dora setzte sich ein wenig verlegen dazu und bediente sich bei den Köstlichkeiten, die auf dem Tisch ausgebreitet lagen. Dabei war sie froh, dass weder die Eltern noch eins der Geschwister sie fragte, was denn mit ihr los sei. So brauchte sie sich nicht um eine wahrheitsgemäße Antwort zu drücken und konnte ihre notvollen Gedanken für sich behalten. Die wurden im Verlauf des Tages dann auch wieder von anderem zugedeckt und für längere Zeit zum Schweigen gebracht.

Gegen Ende des Sommers nahm Benoni seine Geschwister mit auf einen Ausritt hinüber zur Quelle Gihon und zu den Prophetengräbern auf dem historischen Friedhof im Kidrontal. Was wusste Benoni nicht alles zu erzählen und biblisch zu belegen über die frühere Wasserversorgung der Stadt und über die Gräber des Absalom, des Zacharias und anderer wichtiger Menschen der Vergangenheit! Dabei flocht er unter anderem zwei Worte der Bibel in seine Erklärungen ein, die seiner Schwester wieder einmal ihre ungewisse Lebenssituation bewusst machten.

Dora kannte zwar die »Quelle des Lebenswassers«, ohne das der Mensch für die Ewigkeit verdursten musste, aber sie trank nicht wirklich daraus. Und sie kam sich tatsächlich immer wieder vor wie ein »übertünchtes Grab, welches auswendig hübsch schien, aber inwendig voller Totenbeine und alles Unflats« war. So hatte Jesus, der Heiland, einmal in scharfer Rede die Schriftgelehrten und Pharisäer nach dem Matthäusevangelium angeredet, sie wegen des Widerspruchs zwischen

Reden und Tun Heuchler genannt und deutlich seinen Wehe-Ruf über sie ausgesprochen.

Wehe dir, Dora Gobat, wenn du deine Sache nicht bald mit Gott in Ordnung bringst …! So ging es nach diesem Ausflug wieder für eine Weile in der Bischofstochter hin und her, ohne dass sich etwas in ihrem jungen Leben änderte. Und dann versanken die Gedanken schließlich auch wieder in den großen und kleinen Alltäglichkeiten, die das Mädchen umgaben und mit denen sie sich zu beschäftigen hatte.

Der Sommer ging vorbei und mit ihm die schöne gemeinsame Zeit mit der vollzähligen Familie. Es war das letzte Mal, dass alle alten und jungen Gobats zur selben Zeit am selben Ort zusammen gewesen waren. Benoni reiste wieder an seinen Studienplatz an der Oxford-Universität in England, und die Bischofsleute kehrten in ihren Alltag in der Stadt zurück. Für Dora begann jetzt der väterliche Unterricht, der sie zusammen mit einigen anderen Kindern auf die Konfirmation vorbereiten sollte. Die feierliche Einsegnung war für Pfingsten 1858 vorgesehen.

Bis dahin gab es eine Menge zu lernen aus dem Alten und dem Neuen Testament und ihren wechselseitigen Verbindungen im Heilsplan Gottes. Obwohl Doras Bibelwissen bereits groß war – sie brauchte vieles gar nicht mehr zu lernen, weil sie es bereits im Kopf hatte –, staunte sie doch immer wieder, wie genau Gottes Verheißungen und ihre Erfüllung einander entsprachen. Das lehrte der Vergleich des Alten mit dem Neuen Testament, das lehrte die Geschichte des Volkes Gottes seit seiner Erwählung und auch die Geschichte der christlichen Gemeinde. Die Bekenntnisschriften der Kirche und Zusammenfassungen in den verschiedenen Katechismen, die Bischof Gobat mit in den Unterricht nahm, legten ebenso Zeugnis davon ab. Gottes Verheißungen hatten sich nicht geändert: Er war von Ewigkeit derselbe, und sein Wort war wahrhaftig in allen Dingen.

Mit dieser Erkenntnis tauchte Doras Lebensfrage wieder auf. Diesmal in einer nie erlebten Heftigkeit und mit höchster Dringlichkeit. Sie löste im Herzen des Mädchens einen Sturm aus ähnlich dem, der mit Blitz und Donner und starkem Regen in einer Februarnacht 1858 über die Stadt Jerusalem hinwegfegte, als wollte er alles niederreißen, was nicht auf gutem und festem Fundament stand. Nein, Doras Leben stand auf keinem festen Fundament. Die Worte des Apostels Paulus im ersten Korintherbrief wusste sie auswendig, konnte sie aber nicht für sich selbst in Anspruch nehmen: »Einen andern Grund kann niemand legen außer dem, der gelegt ist, welcher ist Jesus Christus.« Nein, ihr noch junges und zerbrechliches Lebenshaus war nur auf Sand gebaut und drohte in dieser Nacht eingerissen und weggespült zu werden von den tobenden Stürmen des Unglaubens und den wilden Wassern der Sünde. Übermächtig stand das Bewusstsein ihrer ewigen Verlorenheit Dora vor Augen und vor der Seele.

Die Konfirmandin, ausnahmsweise allein in ihrer Wohnung, geriet in dieser Unwetternacht in eine Verzweiflung, wie sie sie so stark noch nie erlebt hatte. Kein Mensch war in der Nähe, der ihr hätte helfen können. Aber hätte überhaupt ein Mensch helfen können? Nein, aus dieser Not höllischer Ängste konnte nur Gott selbst sie herausholen.

Das Mädchen ging mitten im Zimmer auf die Knie, rang die Hände und flehte mit tränenerstickter Stimme: »O Herr, errette meine Seele!« Mehr brachte sie nicht über die zitternden Lippen. Mehr Gebet brauchte sie allerdings auch nicht. Ihr war plötzlich, als hörte sie es in ihrem Inneren sprechen und sie deutlich nach biblischem Vorbild auffordern: »Glaube an den Herrn Jesus Christus, so wirst du und dein Haus selig!«

Ohne diese Stimme anzuzweifeln, wie sie das bisher immer getan hatte, griff Dora sofort nach dem Rettungsseil, von dem sie sicher wusste, dass es ihr der Geist Gottes persönlich zugeworfen hatte. »Herr, ich glaube!«, antwortete sie der Stimme, »ja, ich glaube an dich, so bin ich gerettet!«

Kaum hatte die Kniende diese kurzen Sätze ausgesprochen, durchströmte ihr Herz ein unaussprechlicher Jubel: »... so bin ich gerettet!« Dieser innere Jubel wurde sofort durch die biblische Zusage beantwortet, die Dora ebenso deutlich vor ihrer Seele stand, wie zuvor die Aufforderung zu glauben: »Es ist vollbracht!« Mit diesen Worten hatte Jesus, das Lamm Gottes, dort drüben auf dem Hügel Golgatha, nur ein paar Steinwürfe vom Bischofshaus entfernt, seinen Sieg über die Gottlosigkeit und Sünde der Welt ausgerufen. Mit diesen Worten hatte der Heiland sein Erlösungswerk für die ganze Welt gekrönt. »Es ist vollbracht!«

Dora Gobat, fromm erzogene Bischofstochter im sechzehnten Lebensjahr, nahm diese Zusage in diesem Augenblick für sich ganz persönlich, und von diesem Moment an war dieser Heiland auch ihr Heiland. Der Sturm in ihr wich einer wunderbaren Ruhe und mächtigen Freude. Und wie durch ein Wunder hörte es auch draußen auf zu stürmen, als gebe es da einen Zusammenhang zwischen dem Unwetter draußen und dem Sturm in ihrer Seele.

Maria, Doras jüngere Schwester, war die Erste, die ihr am folgenden Morgen begegnete. Sie fragte sofort: »Was ist mit dir los, Dora? Du bist gegenüber gestern so anders, so verändert?«

Dora fragte verwundert: »Sieht man mir das an?«

»Irgendwie bist du anders«, wiederholte Maria ihren Eindruck. »Hast du in der stürmischen Nacht etwas Besonderes erlebt? Du strahlst – Freude aus.«

»Ich freue mich auch, weil ich wirklich Besonderes erlebt habe, Schwesterchen«, nahm Dora die Jüngere in den Arm, »ich habe etwas glauben gelernt, was schon lange geschehen ist.«

»Und was ist das?« Maria löste sich aus der Umarmung.

»Ich habe glauben gelernt, dass der Herr Jesus da drüben auf Golgatha auch mich gemeint hat, als er am Kreuz für die Sünde der Welt verblutet ist und ausgerufen hat: ›Es ist vollbracht!‹

In dieser Nacht ist in mir alles neu geworden. Freu dich mit mir, Schwester.«

»Ich freue mich, auch wenn ich noch nicht so recht weiß, was das ist, das in dir neu geworden ist«, meinte Maria. »Wissen es die Eltern schon?«

»Ich werde ihnen gleich mein Glück mitteilen. Und ich denke, sie werden sich noch mehr freuen.« Im Gehen rief sie ihrer Schwester noch zu: »Du wirst es auch noch erleben, was das heißt, in Jesus Christus neu zu werden.« – Maria erfuhr es, freilich erst ein paar Jahre später, unter völlig anderen Umständen.

Von Stund an war zu spüren, dass Dora ein anderer Mensch geworden war. Sie war fröhlicher, ausgeglichener, offener und freundlicher im Umgang mit den Menschen um sie herum und auch in der Einstellung zu ihren Aufgaben. Eine neue Kreatur eben, wie das in der Bibel hieß.

War der Unterricht des Vaters zur Vorbereitung auf die Konfirmation bisher schon immer interessant und lehrreich gewesen – nun bekam er für Dora eine neue Qualität. Jetzt bereitete er sie darauf vor, ihre Einsegnung im Mai bewusst als Erneuerung ihres Taufbundes zu verstehen. Das Lernen machte ihr ganz anders Freude und füllte ihre Seele mit Wonne. Das sollte ein Fest werden an Pfingsten, dem Fest der Ausgießung des Heiligen Geistes, dem Geburtstag der Gemeinde und der besonderen »Befestigung« eines neu gewordenen Lebens!

Als dieser Maisonntag da war und die kleine Gruppe der Konfirmandinnen vor dem Altar kniete, war Dora selig, die segnenden Hände des geliebten Vaters auf ihrem Kopf zu spüren und zu hören, wie er ihr die Gottesverheißung für ihr weiteres Leben aus dem Propheten Jesaja zusprach:

»Denn es sollen wohl Berge weichen und Hügel hinfallen, aber meine Gnade soll nicht von dir weichen und der Bund meines Friedens soll nicht hinfallen, spricht der Herr, dein Erbarmer.«

Welch ein großartiges Wort hatte der Vater für seine Tochter ausgesucht! Das konnte den jungen Glauben halten, ihn wachsen lassen, ihn tragen durch ein langes, wechselvolles Leben, das konnte Dora befähigen zu glaubhaftem Zeugnis und ergebenem Dienst.

Nach dem feierlichen Gottesdienst legte Dora draußen vor der Christuskirche alle Zurückhaltung ab, die die Kinder aus dem Bischofshaus gegenüber ihren Eltern zumindest in der Öffentlichkeit zu zeigen pflegten. Als der Vater im vollen Ornat auf den Vorplatz kam, warf Dora sich in seine Arme und fiel ihm um den Hals. »Vater, mir ist, als sei ich eben jetzt getauft worden, als sei ich gerade aus den Wellen des Jordan entstiegen, wo ich meinen Heiland habe öffentlich bekennen dürfen als meinen Retter und König.«

»So ist es Recht, mein Kind«, freute sich der Vater, »Gott wird dieses Bekenntnis segnen für die Zeit und die Ewigkeit. Du darfst gespannt sein, wie er das macht. Deine Mutter und ich, wir werden genauso gespannt sein.«

Erste Bewährung

Hatte Dora gehofft, sie könne sich in ihrem jungen Glauben zuerst einmal an die starken Eltern anlehnen, so sah sie sich in dieser Hoffnung bereits in den ersten Tagen nach ihrer Konfirmation getäuscht. Aus Beuggen kam die Nachricht, dass es mit der Großmutter wohl bald zu Ende ginge. Ihre Wassersucht habe sich stark verschlimmert, und sie habe Sehnsucht nach ihren Kindern. Da für den Sommer 1858 ohnehin eine Europareise der Eltern mit Maria, James und dem jüngeren Samuel vorgesehen war, beschlossen die Eltern, früher loszufahren. Maria sollte wie bereits ihre beiden großen Schwestern ihre schulische Ausbildung im Pensionat Montmirail in der Schweiz fortsetzen. James und Samuel waren in einer Pension in Korntal bei Stuttgart angemeldet, um dort weiter zur Schule zu gehen.

So fröhlich sich das Abschiedsfest auch gestaltete – mit orientalischem Picknick unter einem eigens dafür angemieteten Orangenbaum voller reifer Früchte gemeinsam mit den vielen Jerusalemer Freunden –, der Abschied von den Eltern und den jüngeren Geschwistern tat Dora weh. Auch weil die Last der Verantwortung für das eigene junge Leben und die Mitverantwortung für Blandina sie drückte. Gut, dass Hanna noch da war. Ihr hatten die Eltern die Aufsicht über das Haus und das Personal übertragen. Außerdem wollte die liebe Familie des preußischen Konsuls Rosen gerne Rat und Hilfe leisten, wenn es nötig war.

Schade, dass es ohne die Eltern in diesem Jahr dann kein Sommerlager drüben in Lifta geben würde. Zum Ausgleich konnten die Mädchen aber an den südlichen Hang des Berges Zion, außerhalb der Stadtmauern, gehen. Dort war auf einer künstlich angelegten Terrasse in den vergangenen Jahren mit englischen, deutschen und Schweizer Geldern eine neue Missionsschule, die Zionsschule, gebaut worden, gleich neben dem ebenfalls neu hergerichteten Friedhof für die protestantische Gemeinde. In den heißen Sommermonaten konnte ihnen dieses Schulhaus als Ausweichquartier dienen. Dort am Hang zum Hinnomtal war es wesentlich kühler als in der Stadt, und den Weg konnten sie zu Fuß zurücklegen.

Die drei Gobat-Mädchen überstanden die nächsten Monate gut. Doras heimliche Befürchtung, ihr junger Glaube könnte in der Sommerhitze und ohne die Eltern vertrocknen, erfüllte sich nicht. Gott sei Dank, sie hielt stand. Dora las weiter fleißig ihre Bibel und manche erbauliche Literatur, die sie in der Bibliothek des Vaters reichlich fand. Sie fing auch selbst an, ihre geistlichen Gedanken aufzuschreiben. Das ließ ihren Glauben wachsen, so dass er sich in konkreten Situationen bewähren konnte. Bis ins hohe Alter behielt sie diese Gewohnheit bei.

Mehrere Male musste Dora ihren Glaubensmut und ihr Vertrauen zu Gott zusammennehmen, besonders, als es darum ging, gemeinsam mit Hanna die Hochzeit des befreundeten abessinischen Missionars Flad vorzubereiten und zu gestalten, weil die Eltern nicht rechtzeitig aus Europa zurückgekehrt waren. Dann musste Dora den Tod eines jungen Arztes verarbeiten, mit dem sie eine kurze Freundschaft verbunden hatte.

Auch nach Rückkehr der Eltern erlebte Dora einzelne Ereignisse als Glaubensprobe. So, als ihre große Schwester, gerade einmal zwanzig Jahre alt, durch die Heirat mit Missionar John Zeller die gobatsche Familie verließ, um mit ihrem Mann in Nazareth zu leben. Das nahm Dora eine liebe Gesprächspartnerin und riss ein empfindliches Loch in das gewohnte Miteinander im Haus.

Einmal musste Dora gegen eine große Versuchung ankämpfen. Die schwedische Schriftstellerin Frederica Bremer besuchte Jerusalem und war in dieser Zeit häufiger Gast im Haus der Bischofsfamilie. Dabei fiel ihr Doras musikalisches Talent auf. Sie war der Meinung, dieses Talent müsse unbedingt gepflegt und ausgebildet werden. Sie würde liebend gerne eine Gesangsausbildung organisieren und auch finanzieren, wenn die Eltern ihr die begabte Tochter anvertrauten. Dies Angebot schmeichelte Doras alter Neigung zu Stolz und Eitelkeit. Das wäre doch etwas, noch besser singen zu können, immer wieder einmal Mittelpunkt zu sein und Beifall zu bekommen …

»Nun, mein Kind, wie denkst du zu dem Vorschlag von Frau Bremer?«, fragte der Vater, als die Familie zum Essen am Tisch saß.

»Das ist ein reizvoller und verlockender Gedanke, Papa«, gab Dora zu, »aber ich weiß nicht recht …«

»Was weißt du nicht?«, fragte jetzt die Mutter.

»Ich würde schon gerne noch besser singen können. Aber ich weiß nicht, ob das gut für mich ist«, gab das Mädchen zu.

»Das wäre doch schön, wenn Dora Sängerin würde und für andere Leute singen könnte«, begeisterte sich Blandina.

»Nun denn, Schwesterchen, das wäre vielleicht wirklich schön. Trotzdem ...« Dora war unsicher.

»Dann denk darüber nach, ob das gut für dich sein kann und ob es dir dient«, forderte der Vater Dora auf. »Prüfe auch, ob es Gott und seiner Ehre dient. Bete darüber und teile mir deine Antwort mit.«

»Und warum sagt ihr mir nicht, was ich tun soll?«, fragte das Mädchen und versuchte, die Last der Entscheidung abzuwehren.

»Du bist reif genug, mein Kind, zu entscheiden, ob es gut ist für einen jungen Christenmenschen, sich ganz der Musik und dem Gesang hinzugeben«, gab die Mutter die Aufgabe an die Tochter zurück und lenkte das Gespräch auf ein anderes Thema.

Dora blieb nun tatsächlich allein mit dem verführerischen Angebot des schwedischen Gastes. Was sollte sie tun? Natürlich beten, wie es der Vater geraten hatte, fragen, was Gott zu dieser Sache sagte. Dora erinnerte sich dabei an ihre Kämpfe in Montmirail, als sie mit ihrer Fähigkeit zu erzählen immer wieder der Mittelpunkt der Mädchengruppen war, wie ihr das gefallen hatte und wie es ihr schließlich zur Sünde geworden war. Deshalb hatte sie sich damals auch ein wenig zurückgezogen.

War sie jetzt nicht in derselben Gefahr? Meldeten sich da nicht ihre Eitelkeit und ihre Neigung zum Stolz zurück bei dem Gedanken, mit ihrer ohnehin schon guten und dann noch besseren Stimme erneut Mittelpunkt werden zu können, Beifall zu bekommen und besondere Anerkennung zu erfahren ...?

»Erlöst mit dem teuren Blut Christi von eurem eiteln Wandel«, ging es dem Mädchen plötzlich durch den Kopf. So hatte der Apostel Petrus in seinem ersten Brief an die Christen in den kleinasiatischen Provinzen erinnert und zugleich eine neue Lebensweise angemahnt. Dora wurde blitzartig deutlich, dass ihr Platz in der Nachfolge ihres Gottes und Heilandes nicht über eine Gesangsausbildung einzunehmen sei, sondern durch die Bereitschaft zum Dienst an dem Platz, an den Gott selbst sie stellen würde.

Damit war ihre Antwort klar. Dora nahm einen Zettel und schrieb sie ihrem Vater auf. Der konnte es dann am Abend vor dem Zubettgehen lesen: »Dein Gott ist mein Gott. So wie du für ihn lebst, will ich für ihn nur leben.« Das Thema wurde nicht wieder angesprochen.

Doras Wachstum im Glauben kam eine Bewegung entgegen, die 1859/60 von England her auch Palästina erreichte. Auf der Insel war es durch besonderes Wirken des Heiligen Geistes zu einer Erweckung gekommen, die durch eine veränderte Predigt und ein erneuertes Gebetsleben die Gemeinden nach innen und außen wachsen ließ. Auch in den christlichen Gemeinden in Jerusalem wurden »erweckliche Gebetsstunden« eingerichtet. Sie fanden im Schulhaus auf dem Zionsberg statt und wurden abwechselnd vom lutherischen und vom anglikanischen Pastor gehalten oder gelegentlich von Missionar Henry Crawford.

Auch Bischof Samuel Gobat übernahm immer wieder einmal die Leitung dieser besonderen Stunden, die auf seine Tochter einen starken Eindruck machten. Es tat ihrer Seele unendlich wohl, die geistgewirkten Predigten aufzunehmen und in einer ganz neuen, freien Atmosphäre zu singen und zu beten. Ein Lied des Dichters Friedrich von Hardenberg pflanzte sich ganz besonders fest in Doras Gedächtnis, seit es ein Schweizer Freund aus Basel nach Jerusalem mitgebracht hatte:

»Wenn ich ihn nur habe,
wenn er mein nur ist,
wenn mein Herz bis hin zum Grabe
seine Treue nie vergisst:
weiß ich nichts von Leide,
fühle nichts als Andacht, Fried und Freude.

Wenn ich ihn nur habe,
lass ich alles gern,
folg an meinem Wanderstabe
treu gesinnt nur meinem Herrn;
auch wenn alle andern
breite, lichte, volle Straßen wandern.«

An einem Sonntagnachmittag hatte Dora vom Sommersitz am Berg Zion aus den Gottesdienst in der Christuskirche besucht. Voll innerer Freude und beschwingt von dem Bewusstsein der Gegenwart Jesu nahm sie ihren Heimweg durch das Armenische Viertel der Altstadt. In der Nähe des Zionstors stieß sie auf drei Männer, die am Straßenrand saßen und den Vorübergehenden bettelnd ihre Hände, schrecklich verstümmelte Hände, entgegenstreckten. Es waren Leprakranke, die ein wenig abseits des eigentlichen Wohngebietes hier in armseligen Hütten wohnten und von den Almosen der wenigen Leute lebten, die ihnen freundlich gesonnen waren. Die meisten Passanten gingen an ihnen vorbei, ohne die armen Menschen überhaupt wahrzunehmen.

»Arme Leute«, ging es Dora durch den Sinn, und sie griff nach ihrem Geldbeutel. Aber schade, sie hatte ihn nicht bei sich und konnte deshalb den Männern nichts geben. Doch wie war das noch bei Petrus und Johannes und dem Gelähmten an der »Schönen Pforte« des Tempels gewesen? Die hatten auch kein Geld bei sich gehabt und hatten dem armen Geschöpf doch etwas geben können. Petrus hatte den Mann im Namen Jesu auf seine Füße gestellt. So etwas konnte sie freilich hier nicht tun. Die Männer von ihrer Lepra heilen? Das konnte Gott, wenn er wollte. Ihre Aufgabe war es sicher nicht, Worte zur Schaffung äußerer Heilung zu sprechen. Dazu fehlte ihr die Vollmacht.

Dennoch spürte Dora, dass sie diesen Männern etwas geben konnte, nämlich einen guten Zuspruch aus dem Wort Gottes. Ihr arabisches Testament hatte sie immer bei sich, wohin sie auch ging. Also wandte sie sich den Männern zu und sprach sie an wie damals Petrus den Gelähmten: »Ihr Männer, ich würde euch gerne eine Münze geben, aber Gold und Silber habe ich nicht. Was ich habe, kann ich euch geben. Darf ich euch etwas vorlesen?«

Die drei zogen ihre verkrüppelten Hände zurück und blickten erstaunt auf. »Vorlesen? Nein, nein, nicht vorlesen«, wies einer von ihnen das Angebot zurück, »wir verstehen doch nicht, was du liest.«

»Aber ihr könnt doch versuchen zu verstehen«, ermunterte Dora die Männer und schlug ihr Testament bereits auf. »Hört mir zu, ich lese euch etwas aus dem 8. Kapitel des Evangeliums von Matthäus vor.«

»Wenn du es denn nicht lassen kannst«, knurrte der Mann.

»Lass sie lesen«, erklärte der Zweite sich einverstanden.

»Nun lies schon!«, forderte der Dritte kurz und knapp.

Dann las Dora den drei Jammergestalten die Geschichte von dem Aussätzigen vor, den Jesus durch eine Berührung und den Zuspruch »Sei gereinigt!« geheilt hatte, wobei die vier Verse bald gelesen waren. Die drei hörten sehr aufmerksam zu.

»Lies das noch einmal«, forderte der dritte der Männer.

Dora wiederholte ihre Lesung. Mit deutlich gesteigerter Aufmerksamkeit hörten die Kranken zu. Und dann kamen ihre Fragen. »Hat der Jesus den wirklich angerührt?« »Und der ist wirklich gesund geworden?« »Haben die Priester seine Heilung tatsächlich bestätigt?«

In Dora jubelte es. Ihr war, als stünde Jesus selbst neben ihr und tat den armen, vergessenen Menschen ein wenig die Herzen auf. Gerne gab sie Antwort auf alle Fragen. Gerne erzählte sie noch mehr von diesem Heiland, der gerade für die Ärmsten der Armen gekommen war und sich ihnen immer wieder zugewendet hatte. Schließlich sagte sie: »Ich muss nun leider gehen. Aber ich komme wieder, wenn ihr es wollt.«

»Gerne sollst du wiederkommen.« »Du musst uns mehr von Jesus erzählen.« »Danke, dass du es nicht gemacht hast wie die meisten Leute, für die wir nur Dreck sind.« »Du bist ein guter Mensch, wir danken dir!«

Die Dankesworte der Männer gingen Dora ans Herz. »Ihr seid kein Dreck, ihr Männer. Ihr seid Geliebte des Heilandes, wie alle Menschen. Und ich komme gerne wieder und lese euch mehr vor und erzähle euch mehr von Jesus.«

Von diesem Tag an besuchte das Mädchen immer wieder die Hütten dieser Ausgestoßenen und brachte ihnen das Evangelium des Heilandes und Erlösers, wobei sie nicht vergaß, auch etwas für ihr leibliches Wohl zu tun. Die Liebe und die Kraft, Dreck und Gestank der elenden Behausungen und den Anblick ihrer Bewohner zu ertragen, ließ sie sich schenken. Dass sie selbst bei ihren Besuchen gesundheitlichen Schaden nehmen könnte, schloss sie mit großem Vertrauen in den Schutz Gottes aus. Ihr Herr hatte sie zu diesen Menschen geschickt, er würde sie auch vor allem Übel bewahren.

1861 musste Samuel Gobat wegen seiner angeschlagenen Gesundheit eine Reise nach England unternehmen. Natürlich führte sein Weg über die Schweiz und durch Deutschland. Dort lebten die Verwandten; dort gab es Gelegenheit, die anderen Kinder zu treffen. Deshalb nahm Samuel Gobat seine Frau und seine beiden in der Familie verbliebenen Töchter gerne auf die mehrmonatige Reise mit.

Der technische Fortschritt der Zeit machte große Reisen inzwischen bequemer und zeitsparender. Es ging nicht mehr mit dem Segler über das Mittelmeer und dann mit wechselnden Reisewagen über Land. Nein, inzwischen waren auf den meisten Hauptlinien hinüber nach Europa Dampfschiffe unterwegs, und drüben gab es ein zunehmend dichter werdendes Eisenbahnnetz. Postkutschen und andere Reisewagen wurden immer seltener benötigt. In Palästina blieben Reisende allerdings noch einige Jahrzehnte ganz auf die eigenen Füße und auf Reittiere angewiesen.

So ging es also im Mai 1861 auf Pferden und Eseln hinunter nach Jaffa, von dort mit dem Dampfschiff über Alexandria und Malta hinüber nach Frankreich, dann per Bahn das Rhônetal aufwärts bis Lyon, von dort hinüber in die Schweiz und auf bekannten Wegen zunächst ins geliebte Beuggen am Rhein. Da gab es manches zu erinnern und für die ältere Schwester der jüngeren zu erzählen.

Im Schlossgarten von Beuggen konnten die Reisenden leider nur noch die Gräber der Großeltern besuchen und wehmütige Erinnerungen austauschen. Die Leitung der Lehrerbildungsanstalt hatte inzwischen Mutters Bruder, Onkel Reinhard Zeller, übernommen. Er lebte weiterhin auf dem Gelände des ehrwürdigen Schlosses und hielt sein Haus offen für jeden, der eine vorübergehende Bleibe brauchte, am liebsten natürlich für die Verwandten, die sich inzwischen weit in deutsche und schweizerische Lande zerstreut hatten. Von hier aus konnten die Gobats sie jetzt auch leicht besuchen.

So feierten sie im Frühsommer in Fellbach bei Stuttgart ein Wiedersehen mit Maria, die inzwischen bei Tante Therese Werner und ihrer Familie lebte, um dort nach ihrer Zeit in Montmirail eine hauswirtschaftliche Weiterbildung zu erfahren. Später sahen sie die beiden Brüder, James und Samuel, in Korntal wieder. Die Begegnung wurde noch dadurch bereichert, dass auch Benoni für einige Tage aus England dazukam. Und sie hatte besondere Konsequenzen für Dora.

»Ich möchte gerne mit euch einen Spaziergang machen«, lud der Älteste der Gobat-Kinder seine Geschwister ein.

Warum nicht? Das war schön, zu sechst durch die Gegend zu streifen, Erlebnisse auszutauschen und einfach miteinander zu reden und zu lachen. Schade, dass Hanna nicht dabei war. Mit ihr wären die Geschwister doch tatsächlich noch einmal alle zugleich am selben Ort gewesen. Aber die älteste der Gobat-Töchter war ja seit kurzem verheiratet und lebte mit ihrem Mann in Nazareth.

Klar, dass Dora ihren Geschwistern von der Hochzeit mit John erzählen und ihnen die Wohnung und das Arbeitsfeld der jungen Zellers in Nazareth vor Augen malen musste. Blandina konnte als Jüngste dabei helfen.

Auf einer kleinen Lichtung im Wald blieb Benoni plötzlich stehen. Jetzt kam offenbar etwas Ernstes, ging es Dora durch den Sinn, und sie war gespannt, was das war. Ihr war wohl schon aufgefallen, dass der angehende Geistliche der anglikanischen Kirche sein jugendliches Ungestüm und seine Unbekümmertheit gegen eine gewisse Ernsthaftigkeit und Würde eingetauscht hatte. Er war jetzt dreiundzwanzig Jahre alt.

»Also Bruder, schieß los mit dem, was du uns sagen willst«, forderte Dora ihn auf.

»Gerne möchte ich euch sagen, was mir wichtig geworden ist«, begann Benoni etwas umständlich. »Ihr kennt mich und meine draufgängerische Art; na ja, mehr oder weniger. Wir hatten ja nicht viele Jahre gemeinsam in der Familie. Gott hat uns leider sehr unterschiedliche Wege geführt. Mich hat er schon früh nach England geschickt, wo ich wohl auch bleiben werde. Unsere Eltern haben uns den Glauben an den dreieinigen Gott gelehrt, und ich habe über diesen Gott auch sehr viel gelernt. Aber ich hatte seine Hand nicht ergriffen. Er war mir nie persönlich begegnet. Das ist er mir erst vor wenigen Wochen in England. Kennt ihr Jesus als einen persönlichen Herrn und

Heiland? Als euren persönlichen Herrn und Heiland? Sagt mir davon, wenn es so ist.«

Über Doras Gesicht ging ein Strahlen. »Mir ist Jesus begegnet. Ich liebe ihn als meinen Herrn und Heiland. Er hat mein Leben stark verändert, und nur ihm soll es für immer gehören. Ihm allein möchte ich dienen.«

»Wunderbar, Schwesterchen!«, freute sich Benoni. »Das trifft sich sehr gut. Ich komme darauf zurück«

Dora schaute ihren Bruder fragend an, wandte sich dann aber Maria zu, die einen tiefen Seufzer von sich gab. »Ich kämpfe noch einen harten Kampf, und ich fühle mich ständig hin- und hergerissen. Der Nagel ist eingeschlagen, aber er sitzt noch nicht fest.«

Diese Bemerkung verstand nun keins ihrer Geschwister.

»Sag uns, wie du das meinst«, bat Dora.

»Gerne. Herr Pfarrer Staudt, bei dem wir hier in Korntal zu Gast sind, hat mir auf meine Frage bestätigt, dass mir nach den Aussagen der Heiligen Schrift durch das Leiden und Sterben Christi alle meine Sünden sicher vergeben seien. Diese Sicherheit sei wie ein Nagel in der Wand, auf den ich jeden Tag mit dem Hammer des Wortes Gottes draufklopfen solle. Dann säße er eines Tages richtig fest.«

Die Sechzehnjährige seufzte erneut und sah mit einem einigermaßen unglücklichen Ausdruck in den Augen in die Runde.

»Und, hast du geklopft?«, wollte Dora wissen.

»Zu wenig, zu schwach. Es gelingt mir nicht, den Nagel fest zu kriegen«, gab das Mädchen zu.

»Dann sind wir wieder bei meinem Thema«, nahm Benoni seinen Faden wieder auf. »Bei mir darf der Nagel fest sitzen. Ich bin Gott dankbar dafür. Vielleicht liegt es aber auch ein wenig an mir, wenn Mariechens Klopfen nicht so recht klappt.«

»Wie meinst du das?«, fragten die beiden Schwestern fast einstimmig.

»Nun, ich war euch nicht das rechte Beispiel und Vorbild für ein Leben als Christ. Das ist meine Überzeugung, und ich bitte euch dafür um Verzeihung.«

»Verzeihung gewährt«, lächelte Dora und streckte ihrem Bruder die Hand entgegen. Die anderen nickten zustimmend und taten es der Schwester nach. Ob die Jüngeren recht begriffen, worum es den Älteren ging, blieb offen. Benonis nächster Vorschlag war dagegen für alle leicht zu begreifen: »Wir sollten ab heute regelmäßig füreinander beten.«

»Tun wir das nicht sowieso schon?«, fragte Dora vorsichtig.

»Vielleicht«, schränkte Benoni ein, »aber wir sollten es uns heute in die Hand versprechen und uns auf einen bestimmten Tag und eine bestimmte Zeit einigen«

»Das hilft zur Treue«, stimmte Dora zu. »Also, was schlägst du vor, Bruder?«

»Ich schlage vor, wir Gobat-Kinder versprechen uns hier und jetzt in die Hände, an jedem Montag um neun Uhr abends füreinander zu beten.«

»Das ist ein guter Vorschlag«, bestätigte Marie. »Das wird mir helfen, den Nagel festzukriegen.«

»Wird es, Schwesterchen«, bestätigte Benoni, und James und Samuel nickten. Die beiden dreizehn- und fünfzehnjährigen Jungen begriffen noch nicht ganz, worum es eigentlich ging, aber verkehrt konnte das alles nicht sein. Also schlossen sie sich dem Bund an, der hier auf der Lichtung an diesem Junisonntag 1861 geschlossen wurde.

Die sechs Geschwister legten also ihre Hände ineinander, schauten sich fest in die Augen und versprachen sich, jeden Montag um neun Uhr abends besonders füreinander zu beten und darin treu zu sein. Die Verantwortung für wirklich notwendige Ausnahmen sollte jeder selbst tragen. Benoni beendete das Versprechen mit einem Gebet. Dann machten sie sich auf den Heimweg.

»Das war jetzt gut, Bruder. Danke für den Gebetsbund«,

freute sich Dora. »Du bist mir aber noch eine Antwort schuldig.« Benoni verstand nicht gleich. »Du wolltest auf irgendetwas zurückkommen, hast du gesagt«, erinnerte ihn Dora.

»Richtig. Ich sag's dir auch frei heraus: Du möchtest Jesus dienen, ich möchte das auch. Ich trete demnächst in Romsey bei Southampton an der englischen Kanalküste meinen ersten Dienst an. Ich werde in meiner Arbeit dort sehr allein sein.«

»Heißt das, dass du Hilfe brauchst?«, fragte Dora.

»Für den Haushalt und für den Dienst in der Gemeinde.«

»Und warum erzählst du mir das? Hab ich vielleicht etwas damit zu tun?«

»Denk selbst darüber nach und frage Gott, ob du etwas damit zu tun hast.« Mit dieser Bemerkung ließ Benoni Dora allein und wandte sich seinen beiden Brüdern zu. Die würde er mit Sicherheit für längere Zeit nicht sehen.

Benonis Worte beschäftigten Dora immer wieder einmal, wenn es nicht gerade anderes zum Nachdenken gab. Mit fortschreitender Zeit neigte sie immer mehr zu einer positiven Antwort. Ihr wurde es zunehmend gewisser, dass Gott sie an der Seite ihres Bruders gebrauchen wollte. Verstärkt wurde dieser Eindruck durch die Möglichkeit, in London ihre englische Freundin aus ihrem letzten Schweizer Jahr in Montmirail wiederzusehen. Mit Florence Barker fühlte Dora sich ähnlich eng verbunden wie seit dem Erlebnis auf der Korntaler Waldlichtung mit ihrem Bruder, ohne dass sie mit ihr damals einen vergleichbaren Bund geschlossen hätte. Ihr Bundesversprechen hatte sich darauf beschränkt, sich zu schreiben und dabei auch die innersten Gedanken mitzuteilen. Florence zu treffen, ja, das wäre schön …

Einen Teil der Sommerferien verbrachten die Eltern Gobat mit ihren drei Töchtern in Beuggen und bei den väterlichen Verwandten im Berner Jura, bis sich die Wege dann wieder trennen mussten. Die beiden jüngeren Brüder waren zuvor bereits in Korntal geblieben. Maria und Blandina blieben in Beuggen, während die Eltern mit Dora dem angehenden Vikar Benoni nach England nachreisten. Es hatte keinerlei Überredungskunst benötigt, um Dora dafür zu begeistern, mitzureisen und ihrem Bruder für die Dauer eines Jahres in Haushalt und Gemeinde zur Hand zu gehen.

Anfang August brachen Vater, Mutter und Tochter zu ihrer Reise nach London auf. Über Paris und Dieppe ging es zügig durch Frankreich, über den Ärmel-Kanal nach New Haven und weiter in die englische Hauptstadt. Dort hatten die Eltern Verschiedenes mit der Leitung der Kirche zu besprechen, und der Vater wollte sich um seine gesundheitlichen Probleme kümmern.

Dora durfte währenddessen eine Woche mit Florence verbringen. Ein wenig traurig und beklemmend war das. War die Freundin doch schwach und krank und musste meistens liegen. Da war nichts mit Spazierengehen im schönen Londoner Vorort Holloway und mit Ausflügen an die Themse und ins Umland der Hauptstadt. Ihre Möglichkeiten waren beschränkt auf das Pfarrhaus der Barkers, die Terrasse und den Garten.

Schade, und dennoch war die Woche herrlich und wunderbar! Was gab es da alles zu erzählen über die göttlichen Segnungen, die jedes Mädchen erlebt hatte. Vor allem Florence hatte ihre Glaubenserfahrungen unter Eltern und Geschwistern, in der Sonntagsschule und in verschiedenen kirchlichen Vereinen gemacht. Von dem Mädchen ging immer noch dieses besondere Etwas aus, das Dora schon in Montmirail in ihrer Nähe empfunden hatte. Durch diesen besonderen Menschen strahlte Ewigkeit in die Zeit. Kein Wunder, dass der Text über das neue Jerusalem, wie es der nach Patmos verbannte Apostel und Seher Johannes in seiner Offenbarung beschrieben hatte, zu einem ihrer Lieblingstexte gehörte. Dora musste der Freundin diesen Abschnitt aus den letzten beiden Kapiteln des Neuen Testaments mehrmals vorlesen: »… und ich, Johannes, sahe die heilige Stadt, das neue Jerusalem, von Gott aus dem Himmel herabfahren, zubereitet als eine geschmückte Braut ihrem Mann. Und hörte eine große Stimme von dem Stuhl, die sprach: Siehe da, eine Hütte Gottes bei den Menschen, und er wird bei ihnen wohnen, und sie werden sein Volk sein, und er selbst, Gott mit ihnen, wird ihr Gott sein. Und Gott wird abwischen alle Tränen von ihren Augen, und der Tod wird nicht mehr sein, noch Leid, noch Geschrei, noch Schmerzen wird mehr sein, denn das Erste ist vergangen. ... Und ich sah keinen Tempel darin, denn der Herr, der allmächtige Gott, ist ihr Tempel, und das Lamm. Und die Stadt bedarf keiner Sonnen noch des Mondes, dass sie ihr scheinen, denn die Herrlichkeit Gottes erleuchtet sie, und ihre Leuchte ist das Lamm. ... Seine Knechte werden ihm dienen und sehen sein Angesicht, und sein Name wird auf ihren Stirnen sein ...«

»Schau, Dora, dort möchte ich sein«, pflegte Florence dann zu sagen. »Dort werde ich sein. Bald schon werde ich dort sein, Dora, und später, wenn du nachgekommen bist, werden wir uns dort wieder begegnen. Darauf freue ich mich schon heute.«

Dora war tief bewegt von dieser Glaubenstiefe ihrer Freundin, wenngleich sie den unmittelbaren Blick in die zukünftige neue Welt noch nicht nachvollziehen mochte. Sie wollte ihrem Gott und Herrn zunächst im irdischen Jerusalem dienen, noch nicht im neuen.

Florence musste bei diesen Gedanken ihrer Freundin immer lächeln. Sie freute sich an Doras Bereitschaft zum Dienst. Sie hatte das Leben ja auch noch vor sich, während ihres nach nur vierundzwanzig Jahren bereits seiner Vollendung entgegenging. Sie lebte seit einiger Zeit mit diesem Wissen, und sie freute sich sogar auf ihren »Umzug« in die Stadt Gottes.

Gut, dass Dora noch nicht wirklich erfasste, wie nah Florence dem Sterben wirklich war. Der Abschied von der geliebten Freundin wäre ihr sonst noch schwerer gefallen. Dora nahm die Hoffnung auf ein Wiedersehen in London mit. Sie sollte sich aber nicht mehr erfüllen. Schon im Dezember ging Florence ein ins neue Jerusalem. Der zurückbleibenden Freundin, bis in die Tiefen ihrer Seele erschüttert von der Todesnachricht dieses besonderen Menschen, erschien das kleine Lied wie ein Vermächtnis ihrer Freundin, das sie in Romsey unter Tränen in den Händen hielt und immer wieder las und in dem sie sich eine Strophe besonders markierte:

»Ja, Vater, was du mir bestimmst,
das nehm ich still und froh;
ob du mir gibst, ob du mir nimmst:
Amen, es sei also!«

Wer so gewiss im Glauben und Vertrauen seine frühe irdische Vollendung hatte annehmen können, der war ein wahrhaft glücklicher Mensch gewesen. Ein solcher Mensch zu werden und zu bleiben nach dem Vorbild von Florence – das wurde ein tiefer Wunsch in Doras Herzen. Was sie selbst dazu tun konnte, wollte sie gerne tun, das Gelingen aber, so war sie sich sicher, musste Gott schenken.

In England – Liebe zu den Armen

Wenige Tage nach Doras 19. Geburtstag reisten die Eltern von Southampton aus wieder auf den Kontinent zurück. Dora blieb in Romsey, einem Städtchen in der Nähe der Hafenstadt, und stürzte sich sofort mit Eifer in die Aufgaben, die ihr Benoni zuwies. Es gab viel zu tun, auch weil die Frauen der beiden älteren Pfarrer kränklich waren und deshalb in der Gemeinde wenig mithelfen konnten. Zwei Arbeitsfelder wurden zu Doras hauptsächlichen Betätigungsfeldern als Gemeindehelferin: Sonntagsschule und Besuchsdienst.

Am Sonntagvormittag und am Sonntagnachmittag zwölf- bis fünfzehnjährige Jungen in biblischen und geistlichen Themen zu unterrichten, war für eine Neunzehnjährige wahrlich eine schwere Aufgabe. Zwar beherrschte Dora das Englische beinahe wie ihre Muttersprache, aber die schlichten Menschen der Küstenregion von Hampshire sprachen Dialekt, und der machte den Unterricht zuweilen schwierig. Dennoch, mit ihrem offenen und liebevollen Wesen gelang es Dora, die Jungen zu gewinnen und sich den Weg in ihre Köpfe und Herzen zu bahnen.

Tom Rogers war einer der wildesten Rabauken des Städtchens, ein hühnenhafter, harter Bursche, der mit sich selbst und mit seiner Umgebung im ständigen Kampf lag. Zur Sonntagsschule erschien er nie. Dora begegnete ihm zum ersten Mal bei einem Hausbesuch. Sie hielt diesen Besuch für nötig, obwohl der Pfarrer ihr dringend davon abgeraten hatte. »Bleiben Sie dort weg, Miss Gobat. Tom ist ein gottloser und böser Junge. Der verdirbt Ihnen nur Ihre Klasse. Tun Sie sich das nicht an. Lassen Sie den Jungen, wo er ist.«

Die Gemeindehelferin widersprach dem Pfarrer nicht. Innerlich empörte sie sich aber über dessen Aussage und seine Art, diesen jungen Menschen einfach aufzugeben. War Tom Rogers nicht auch ein Geschöpf Gottes und von ihm geliebt? Warum war der denn böse? Warum war er gottlos? Wer hatte versagt, dass der Junge so geworden war, wie er war? Oder war er in Wirklichkeit gar nicht der, für den ihn der Pfarrer und die Leute hielten?

Dora machte sich auf – von Benoni ermutigt – und besuchte Toms Mutter in ihrer ärmlichen Behausung, eine fromme, freundliche Witwe, die unter der Last ihres armen Lebens schwer zu tragen hatte.

Als Dora in ihre Wohnung trat, schien für Mrs. Rogers die Sonne aufzugehen. Wann hatte sie zuletzt Besuch bekommen?

Wann hatte sie das letzte Mal jemandem ihren Kummer klagen können? Wann hatte ihr jemand zugehört? Lange saßen die beiden ungleichen Frauen beieinander. Mrs. Rogers schüttete ihr Herz aus, auch über Tom und ihre Probleme, mit dem Jungen umzugehen. Tom war auch jetzt wieder nicht zu Hause. Er hätte von seiner Arbeit längst da sein sollen. Wo er sich herumtrieb, wusste die Mutter nicht. Sie hoffte und betete immer nur darum, dass Gott sich seiner annahm und ihn bewahrte.

Als sie gerade davon sprach, kam Tom herein. »Wer ist die Lady?«, fragte er von der Tür her. Höfliche Frage, ging es der Besucherin durch den Kopf.

»Miss Gobat ist die neue Sonntagsschullehrerin der Gemeinde. Sie vermisst dich«, antwortete die Mutter.

»Mich hat noch nie jemand vermisst, die sicher auch nicht«, gab der Junge hart und trotzig zurück.

»Doch, Tom«, sagte Dora, »du stehst auf meiner Klassenliste. Und weil du nicht da bist, vermisse ich dich.«

»Unsinn«, war alles, was Tom dazu sagte.

»Möchtest du nicht doch am Sonntag deinen Platz in der Gruppe einnehmen?«, fragte Dora und legte dabei alle Liebe in ihre Stimme, die sie für den Jungen dort an der Tür spontan empfand.

»Nein, ich möchte nicht«, kam es düster zurück.

»Und wenn ich dich besonders darum bitte?«, blieb die Gemeindehelferin bei ihrer Einladung.

»Auch dann nicht.« Damit schien für Tom das kurze Gespräch beendet.

»Schade!« Doras Bedauern klang echt. Sie erhob sich zum Gehen. Vor dem Jungen blieb sie stehen und reichte ihm die Hand. »Nun denn, wenn ich dich nicht einladen kann, Tom, Gott selbst lädt dich ein. Er liebt dich.«

»Niemand liebt mich«, kam trotziger Widerspruch.

»Du irrst, Tom, du bist ein liebenswerter Junge. Deine Mutter liebt dich und Jesus liebt dich.«

Zaghaft ließ Tom Rogers seine große, schmutzige Hand greifen – er hatte sie nicht entziehen können – und erwiderte dann vorsichtig den Druck. Eine Antwort gab er nicht. Er schaute sein eher zartes Gegenüber nur mit großen, traurigen Augen an.

Was ging jetzt in diesem Jungen vor?, fuhr es Dora durch den Sinn. Wurde die Kraft des Namens Jesu in ihm wirksam? Sie schickte ein Stoßgebet zu Gott, er möge sich dieser verlorenen Seele besonders annehmen.

Am kommenden Sonntag saß Tom Rogers zum ersten Mal in der Klasse der Sonntagsschüler. Und das nicht nur vormittags, nein, auch am Nachmittag war er pünktlich zur Stelle. Dabei blieb es auch an den folgenden Sonntagen und für die restliche Sonntagsschulzeit dieser Klasse. Doras Herz jubelte. Gott selbst hatte sich dieses Jungen angenommen, er arbeitete durch sein Wort an seinem Herzen und war deutlich dabei, es völlig neu zu gestalten. Und sie, die schlichte Gemeindehelferin und Dienerin ihres Herrn, hatte mithelfen dürfen, ein junges, verloren gegebenes Leben auf den rechten Weg zu bringen und letztlich für die Ewigkeit zu retten.

Wie Dora später von Toms Mutter erfuhr, war sie seit langer Zeit der erste Mensch gewesen, der dem Jungen ohne Verachtung begegnet war und ihm die Hand gegeben hatte. Tom hätte sich die Hand am liebsten gar nicht mehr gewaschen, so bedeutsam war ihm diese Geste der Zuwendung gewesen. Und sie hatte die harte Schale seines Herzens zu brechen vermocht. Gott sei Lob und Dank!

Romsey und sein Filialort Lee wurden für Dora tatsächlich zu Orten besonderen geistlichen Unterrichts ihres Herrn. Was ihre Augen in den Elendswohnungen und drum herum alles zu sehen bekamen und was sich ihre Ohren anhören mussten, ließen der jungen Frau immer wieder die Schamröte ins Gesicht steigen. Dass es solche Verkommenheit unter Gottes Sonne geben konnte, hatte Dora sich in ihrem bisher so geborgenen Leben nie träumen lassen. Dass ein Mensch solche Dunkelheiten ertragen konnte und nicht unter ihnen zerbrach, erschien ihr wie ein einziges Wunder ihres Gottes. Ja, wenn sie die Macht seines Wortes nicht gekannt und die Kraft des Jesusnamens nicht immer wieder erlebt hätte, wäre sie an den Aufgaben gescheitert und hätte aufgegeben.

Ihr Bruder, der »junge Riese«, wie manche Menschen Benoni hier nannten, war da von robusterer Natur. Er nahm die Armut und das Elend und die damit verbundenen Aufgaben des Seelsorgers ernst, aber er nahm sie nicht so zu Herzen, dass sie ihn bis in die Nächte verfolgten. Dora jedoch ging es so. Die Schicksale gingen ihr sehr zu Herzen und zehrten an ihrer Glaubenskraft. Dabei wusste sie – und sie spürte es auch immer wieder –, dass das junge Baumstämmchen, das unter Druck und Bedrängnis wachsen musste, im Alter umso stabiler wurde. Wie hieß doch das orientalische Sprichwort? »Die Palme wächst bei der Last …«

Also, weitermachen, wo immer die Aufgaben sich ergaben. »Earl Henry«, ein treuer Bernhardiner, wurde Doras ständiger Begleiter auf ihren Besuchswegen durch die dunklen Gassen des Städtchens. Dieser Hund an ihrer Seite gab ihr Sicherheit, denn Earl Henry ließ niemanden an sie herankommen, wenn sie es dem Tier nicht vorher erklärt hatte. Und wenn sie als Seelsorgerin wieder an einem Krankenbett oder an einem Armentisch saß, wachte der Hund an der Tür. Wehe dem, der das Haus betreten wollte und keine ausdrückliche Erlaubnis seines Frauchens bekam!

»Miss Gobat, rufen Sie bitte Ihren Hund weg. Er belagert unsere Schwelle und lässt niemanden durch die Haustür.« Wie oft Dora diese Bitte zu hören bekam, hat sie nie gezählt. Aber sie war dem treuen Earl Henry dankbar für seinen Beistand.

Dankbar war sie auch für die leuchtenden Augen der Kranken, denen sie in schlichter Weise das Evangelium vom Retterheiland vorlesen und erklären durfte, denen sie mit ihrer klaren Stimme ein Mut machendes Lied singen und für die sie oder mit denen sie ihre Nöte und Bitten im Gebet vor Gott bringen konnte. Köstlich, wie eine »ihrer« Frauen, schwer an Kehlkopfkrebs erkrankt, den Herrn Jesus in ihrem Gebet siezte: »Oh, lieber Herr Jesus, was sind Sie doch für ein guter, freundlicher Herr, dass Sie alles für mich getan haben. Ich danke Ihnen!« Schön, wie jenes schwindsüchtige Mädchen, dessen Stimme kaum noch zu hören und noch weniger zu verstehen war, es in kindlichem Vertrauen lernte und annahm, dass der große und allmächtige Gott sich mit seinem Ohr zu den Betenden herunterneigt, wie es im Psalm 86 gesagt war. Man durfte ihm also auch flüsternd seine Anliegen sagen.

In solchen Fällen schlichten Glaubens und Vertrauens musste Dora trotz des Ernstes der Lage innerlich lächeln.

In anderen Fällen konnte sie ihre Freude auch äußerlich zeigen. Zum Beispiel als eine alte, einäugige, bibelfeste Schottin ihr eines Tages ihr abgegriffenes Neues Testament überreichte: »Nehmen Sie es als mein treues Vermächtnis, Miss Dora, ich sehe mit meinem verbliebenen Auge nicht mehr genug, um es zu lesen. Ich kenne es sowieso fast auswendig.« Herrliches Geschenk einer gläubigen Seele. Die junge Gemeindehelferin wusste, dass sie täglich von dieser Frau im Gebet vor Gottes Thron gebracht wurde. Solche Menschen brauchte jeder, der im Dienst Gottes stand. Hier in Romsey hatte Dora diese Erfahrung schätzen und lieben gelernt.

Was die Zeit in Romsey für Dora auch besonders schön machte – sie konnte in der alten Kirche auf der Orgel spielen, wofür sie Unterricht nahm.

Aber es gab nicht nur die armen und schlichten Menschen in Romsey und Lee. Es gab auch die Vornehmen und höher Gestellten, mit denen der Vikar und seine Schwester in Kontakt kamen. Immer wieder einmal teilte Dora in der Abteikirche mit

Menschen die Bank, die zur Familie von Lord Palmerston gehörten, dem derzeitigen Premierminister, und in der Bank der Herrschaften keinen Platz mehr fanden: Lords, Minister, Generäle, Künstler und Literaten, vornehme Damen und Herren. Wenn diese Menschen auch auf einem höheren gesellschaftlichen Niveau lebten, so waren sie doch alle nur erlösungsbedürftige Menschen, denen das Evangelium genauso galt wie den armen Leuten, die keine eigene Kirchenbank mit ihrem Namen vorweisen konnten.

Von diesen Gebildeten hier in Romsey ging aber auch eine Versuchung für Dora Gobat aus, die sie längst für überwunden gehalten hatte. Die Gestaltung der Gesellschaftsnachmittage oder -abende mit Tanz und Spiel und Kurzweil, zu denen sie gelegentlich mit Benoni eingeladen war, entbehrten für sie nicht eines gewissen Reizes, sich zu beteiligen und sich mit den anderen zu amüsieren. Manchmal schien es sie in den Füßen zu jucken, mitzumachen. Die Beteiligung an solchem Tun machte allerdings weder besser noch klüger. So hatte es Dora einmal der englische Generalkonsul in Beirut bestätigt. Also hielt Dora sich lieber aus diesen Oberflächlichkeiten heraus. Denn Gott die Ehre zu geben, schien ihr auf diese Weise unmöglich.

In anderen Fällen kam sie in Erklärungsnöte, wenn die Menschen sie immer wieder um ihren Gesang baten. Ihre Stimme hatte es den Leuten angetan. »Miss Gobat, singen Sie uns doch eine Arie.« »Bitte, Miss Dora, wir hören Ihre Stimme so gerne.« »Wie wäre es wenigstens mit einem Solo-Lied, Miss Gobat?« Aber die Leute wollten in der Regel keine geistlichen Lieder hören. Es fiel Dora schwer zu erklären, weshalb sie nicht bereit war, seichtes weltliches Liedgut zu singen oder sich auch nur an seinem Gesang zu beteiligen. Zunächst waren ihre Antworten aus dem Glauben heraus eher schüchtern, aber je öfter es notwendig war, umso fester und gewisser wurden sie. Nein, ihre Stimme sollte zum Lob Gottes erklingen. Nur ihm, dem Herrn aller Herren, wollte sie mit ihrer Stimme dienen.

Dass sie es an ganz anderer Stelle schon längst getan hatte und immer wieder tat, wurde Dora erst bewusst, als ihre Zeit in Romsey zu Ende ging und die Menschen der Nachbarschaft in der The-Hundred-Street diese Tatsache sehr bedauerten.

»Wir werden Ihre Lieder vermissen, Miss Dora«, meinten sie und wunderten sich vielleicht über das fragende Gesicht ihrer scheidenden Gemeindehelferin. »Wir haben seit langem jeden Abend auf Ihr Abendlied gewartet, das Sie allein oder mit dem Herrn Vikar vor der Nacht gesungen haben. Das hat uns immer gut getan, und wir werden es sehr vermissen.«

Für Dora war dieser »Beifall« der einfachen Leute viel bedeutsamer als jeder andere, den sie in einem der vornehmen Häuser je hätte erfahren können. Überhaupt liebte Dora die schlichten Erweckungs- und Bekenntnislieder mehr als jede kunstvolle Arie. Ebenso wie es ihr die schlichte Art angetan hatte, in der die Methodisten und anderen Freikirchler in Stuben und Scheunen und häufig im Freien ihre Gottesdienste im südlichen England feierten, nachdem die erweckliche Art, Glauben zu feiern und zu bezeugen, sich auch hier ausbreitete.

Schade, dass die offizielle anglikanische Kirche gegen diese Bewegung hohe Mauern aufrichtete, über die hinweg man sich nicht einmal grüßte. Den guten Gedanken der evangelischen Allianz der Gläubigen, wie Dora ihn schon in Jerusalem kennen und schätzen gelernt hatte, fand sie hier nicht. Sie selbst durfte solchen Versammlungen nur von Ferne zuhören und sich eher heimlich in einen Scheunengottesdienst stehlen. Es wurde nicht gerne gesehen, wenn es Verbindungen zwischen diesen Gläubigen und Gliedern der anglikanischen Kirche gab. Eine solche abgrenzende Einstellung war Dora unbegreiflich. Hier die kalte Stimme eingefahrener und um jeden Preis festgehaltener Tradition, dort die warme Stimme des Evangeliums, die offen war für das Wirken des Geistes Gottes. So kam es Dora vor, und sie freute sich mehr und mehr darauf, diesen Grenzen bald entgehen zu können, wenn ihre Zeit in Romsey im August

1862 zu Ende ging, weil ihr Bruder sich inzwischen verliebt hatte. Wenn die Eltern demnächst wieder nach England kamen, wollte er sich mit Dorothea Arnott verloben. Die Hochzeit der beiden und ihre Hochzeitsreise nach Palästina konnten noch ein wenig warten. Bis dahin würde Benoni seinen kleinen Haushalt auch ohne sein geliebtes Schwesterlein in Ordnung halten. Für den Besuchsdienst und die Sonntagsschule musste er leider eine andere Lösung finden. Auf Dora warteten in Jerusalem neue Aufgaben. Und auf dem Weg dorthin erlebte sie eine ganz besondere und weit in die Zukunft hinein wirkende Begegnung.

Auf ihrer Rückreise nach Palästina machten die Eltern und Dora unter anderem in Riehen Station, unweit von Basel, am Fuße von St. Chrischona gelegen, diesem markanten Berg mit seinem berühmten Kirchlein aus dem 16. Jahrhundert auf gut 520 Metern Meereshöhe. Dort oben hatte 1840 Christian Friedrich Spittler die »Pilgermission St. Chrischona« als geistliche Ausbildungsstätte für junge Männer gegründet. Dora hatte im Elternhaus und bei den Schweizer und deutschen Verwandten schon viel über diesen besonderen Ort und die zahlreichen Segensspuren gehört, die von dort oben bis in die Nachbarländer und hinaus auf verschiedene Missionsfelder führten.

In Riehen war Doras Patenfamilie Bischoff zu Hause, und die Freunde freuten sich, die junge Frau und ihre Eltern für eine Zeit der Erholung beherbergen zu dürfen. Hanna, die Tochter des Hauses, freute sich besonders über die gemeinsame Zeit.

Am letzten Sonntag im September gab es oben auf St. Chrischona eine Einsegnungsfeier für die Absolventen des Jahres 1862. Unter ihnen war auch Johannes Hermann, der anschließend als Missionskaufmann nach Jerusalem ausgesandt werden sollte. Das war die Gelegenheit für Dora, die Einrichtung dort oben kennen zu lernen, und auch schon einmal einen Mann, dem sie später in ihrer Heimat sicher immer wieder begegnen würde. Gerne stimmte sie also dem Vorschlag der Freundin zu, den Weg hinauf zum Kirchlein unter die Füße zu nehmen.

Der 28. September war ein wunderschöner warmer und sonniger Tag. Bäume und Sträucher leuchteten in allen denkbaren Gelb- und Rottönen, die Wiesen zeigten noch sattes Grün, bunt gesprenkelt mit dem Gelb späten Löwenzahns und dem Violett vereinzelter Herbstzeitlosen, als wollten sie alle ihren Schöpfer vor dem langen Winter noch einmal ganz besonders feiern. Die zahlreiche Vogelwelt leistete einen vielstimmigen Beitrag zum Lob Gottes.

Es war eine Freude, unter diesen Bedingungen und in der Gemeinschaft mit vielen jungen und alten Menschen aus den Dörfern ringsum und sogar von Basel her durch die bunt belaubten Wälder und den Wiesen entlang hinaufzuwandern und dabei ein Schwätzchen zu halten, fröhliche Lieder zu singen und auch schon einmal den einen oder anderen ernsteren Gedanken zum Tag und zum Leben allgemein auszutauschen.

Oben im voll besetzten »Kirchlein auf dem Berge« – so wurde das alt-ehrwürdige Gotteshaus von den Leuten genannt – gab es einen bewegenden Gottesdienst mit Lesungen, Gebeten, mit Chorgesang und frohen Gemeindeliedern, einer zupackenden Predigt und der Segenshandlung für die Absolventen. Schön und wohltuend und sicher nicht nur von Dora dankbar empfunden und aufgenommen.

Die stand mit Hanna anschließend noch eine Weile an der südlichen Begrenzungsmauer des kleinen Kirchhofs und ließ sich von ihrer Freundin das Alpenpanorama erklären, das sich in seltener Klarheit und ganzer Schönheit am Horizont zeigte. »Schau, dort drüben erkennst du den Titlis, dort das Sustenhorn, etwas rechts daneben den Galenstock. Alle Gipfel weit über dreitausend Meter. Und dort jenseits der Senke leuchten Schreckhorn und Finsteraarhorn im Berner Oberland, und etwas weiter die berühmtesten drei: Eiger, Mönch und Jungfrau, alles Viertausender. Ist das nicht eine wunderbare Aussicht von hier oben?«

»Wunderbar? Der Ausdruck ist zu schwach. Das ist einfach alles unbeschreiblich herrlich«, schwärmte Dora, »so schön habe ich die gewaltige Gebirgswelt noch nie gesehen«, und sie zitierte einen Vers aus dem 104. Psalm: »Herr, wie sind deine Werke so groß und viel? Du hast sie alle weißlich geordnet, und die Erde ist voll deiner Güter.«

»Ja, ›die Berge gehen hoch hervor und die Breiten setzen sich herunter zum Ort, den du ihnen gegründet hast.‹ Und auch das andere stimmt: ›Die hohen Berge sind der Gämsen Zuflucht und die Steinklüfte der Kaninchen.‹ So steht es auch im Psalm.«

Die beiden Mädchen erschraken ein wenig, als sie hinter sich diese Worte hörten. Gesprochen hatte sie ein junger Mann, ein groß gewachsener, vornehm wirkender »Bruder«. »Verzeihen Sie, meine Damen, dass ich mich in Ihre Gedanken eingemischt habe. Ich würde Sie gerne zu einem Kaffee in den Speisesaal einladen. Darf ich?«

Dora schaute ihre Freundin fragend an. Die nickte. »Gerne dürfen Sie uns einladen, Herr Rappard«, nahm Hanna die Einladung an. »Wir folgen Ihnen gerne.«

Der junge Mann ging den beiden Frauen voraus.

»Das ist der junge Herr Carl Heinrich Rappard vom Löwenstein«, raunte Hanna der Freundin zu, die wohl eher noch das Panorama der Alpengipfel vor Augen hatte, als dass sie diesen Mann genauer beachtet hätte. »Ich erzähle dir später ein wenig von der Familie.«

»Der Name ist mir bekannt«, war Dora jetzt doch bei der Sache. »Ist das wohl seine Schwester, die demnächst mit uns nach Jaffa reist?«

»Richtig, Adèle Rappard möchte dort als freiwillige Diakonisse kranken Menschen dienen. Nehmt sie nur mit. Sie wird eine angenehme Reisebegleitung sein.«

Die drei jungen Leute fanden im Speiseraum kaum Platz, in Ruhe ihren Kaffee zu trinken. Ein rechtes Gespräch mit dem »Gastgeber« konnte wegen der Enge nicht aufkommen. Eigentlich schade. Dora hätte gerne noch ein paar Gedanken mehr gehört zu dem geistlichen Dreiklang, von dem der junge Bruder sprach: »... von Gott erbitten ... von Gott annehmen ... Gott kindlich und herzlich danken ...« Es war einfach zu unruhig und zu laut, weil so viele miteinander redeten. So bedankten sich die beiden Mädchen bald höflich bei dem jungen Mann für die Einladung und begaben sich wieder auf ihren Weg hinunter nach Riehen.

»Du wolltest mir ein wenig über die Rappards sagen, Hanna«, erinnerte Dora die Freundin.

»Ja, das will ich gerne.«

»Dann bin ich nicht ganz unwissend, wenn ich bald mit Adèle unterwegs bin.«

»Also«, begann Hanna, »die Rappards sind ein altes Adelsgeschlecht und kommen aus Neukirchen im Rheinland. Von dort ist der Vater Carl August Rappard in die Schweiz gekommen. Er ist studierter Theologe und sehr fromm. Er hat in Giez bei Yverdon als Hauslehrer die Kinder einer gewissen Witwe Adelaide de Rham unterrichtet und erzogen. An seiner hübschen Schülerin Marie ist er dann hängen geblieben. Mit ihr und einer bereits stattlichen Kinderschar ist er später aus dem Kanton Waadt in den Kanton Schaffhausen umgesiedelt.«

»Auf das Gut Löwenstein? Mein Vater hat einmal davon gesprochen.«

»Richtig. Deshalb heißt der Sohn Carl Heinrich Rappard vom Löwenstein. Aber weiter: Dort lernten die vielen Kinder Landwirtschaft, ich glaube, es sind zusammen elf, und viel Geistliches und Frommes lernten sie, allerdings ohne Verbindungen zur Kirche und zu Gemeinden. Dann wurde der Platz auf dem Gut für so viele zu eng, und der Vater kaufte das Gut Iben bei Stein am Rhein für seine vier ältesten Kinder. Dort hat der Sohn, der den Namen seines Vaters hat, also ebenfalls Carl Heinrich, sich nach außen, zur Gemeinde hin, geöffnet und seine Familie dann auch. Beim Weizensäen hat er seine Berufung zum Dienst der Verkündigung erlebt. Während eines Besuchs bei meinen Eltern hat er einmal gesagt, was ich mir sehr gut gemerkt habe: ›Wir müssen uns selbst aussäen als Weizenkorn, wie Jesus sich selbst aussäte, das heißt sein Leben freiwillig hingab, weil nur der sein Leben findet, der es in den Tod gibt.‹ Seit vorigem Jahr ist er oben auf dem Berg zur Ausbildung. Hier heißt er meistens nur ›Heinrich‹. Er soll ein sehr guter Schüler sein. Reicht dir das, Dora?«

»Danke, Hanna, das reicht«, war Dora zufrieden. »Wenn ich noch mehr wissen will, mag Adèle es mir auf der Reise erzählen. Übrigens, das Wort, das der Herr Rappard gesagt hat, steht in Johannes 12, Vers 24.«

»Das weißt du so genau?«, wunderte Hanna sich über die Bibelkenntnis ihrer Freundin.

»Wir Gobat-Kinder haben gelernt, wichtige Bibelzitate immer mit genauer Stellenangabe zu lernen«, erklärte Dora. »Das hilft ungemein, wenn du geistliche Gespräche führst oder dir vielleicht deine eigenen Gedanken machst. Ich schreibe mir häufig auf, was mich vom heiligen Wort Gottes her beschäftigt, und dann brauche ich nicht jede Bibelstelle nachzuschlagen, weil ich sie gelernt habe.«

»Ich glaube, ich sollte mir diese gute Übung zu eigen machen«, überlegte Hanna, ließ dabei aber offen, welche von den beiden Übungen sie denn meinte, die Dora als gut und nachahmenswert befunden hatte.

Wenige Wochen später warteten in Palästina zwei Überraschungen auf Dora und ihre heimkehrende Familie. Bei der Ankunft des Schiffes vor Jaffa am 10. November war es das Begrüßungskomitee Maria und Schwager John Zeller, Hannas Mann, die eigens von Nazareth hierher geritten waren, um die

Lieben zu empfangen und sie auf ihrem Zwei-Tages-Ritt hinauf nach Jerusalem zu begleiten. Maria hatte die Zeit der Abwesenheit ihrer Eltern bei Hanna und ihrer Familie verbracht, zu der inzwischen der kleine Neffe Freddy gehörte.

In der Zionsstadt wartete die zweite Überraschung: Der im orientalischen Stil errichtete Neubau des Bischofspalastes gegenüber dem Davidsturm war fertig gestellt. Den Umzug aus der alten Wohnung hatten die Hausbediensteten bereits weitgehend vollzogen. Die in England gekauften neuen Möbel waren zuvor eingetroffen und auch schon untergebracht, wenngleich manches Möbelstück noch mehrfach umgestellt wurde. Etliche Meter Gardinenbahnen mussten noch genäht und aufgehängt werden, bis nach ein paar Tagen die alten und jungen Gobats mit dem neuen geräumigen Domizil zufrieden waren.

Dora bekam mit Maria ein geräumiges Zimmer im zweiten Stock. Jedes der Mädchen hatte darin seinen eigenen Wohn- und Lebensbereich einschließlich der Fensternische, in der es sich so wunderbar sitzen, das Geschehen auf der Straße beobachten oder auch nur träumen ließ. Herrlich! Zum Freuen und zum Danken! Und freilich auch zum Arbeiten. Denn bald würde es eine neue Aufgabe für Dora geben.

Samuel Gobat richtete bald nach seiner Rückkehr aus Europa als Bischof in der Nähe der Grabeskirche eine neue Missionsschule ein, in der eine bunte Mädchenschar aus arabisch-moslemischen, griechisch-orthodoxen, jüdischen und christlichen Familien gemeinsam kostenlos unterrichtet werden sollte. Dora wurde für einige Jahre die Leiterin dieser Einrichtung und zugleich Lehrerin an der Schule. Sie war für diese Aufgabe bestens gerüstet. Sie hatte den Willen zum missionarischen Dienst; sie hatte die pädagogische Begabung und Übung und auch die sprachlichen Voraussetzungen, da sie gut Arabisch sprach.

Die Arbeit mit dem bunten Völkchen der Schülerinnen war erfolgreich. Die Mädchen waren durchweg sehr lernbereit, und viele zeigten eine große Offenheit auch für die feinen geistlichen Einflüsse ihrer Lehrerin, selbst einige der moslemischen Mädchen. Das machte Dora viel Freude. Bei manchen ihrer Schülerinnen durfte sie die Erfahrung machen, dass Gottes Wort nicht leer zurückkam; die Saat ausgestreuter Liebe und gelebten Glaubens fiel auf guten Boden und ging auf, meistens freilich erst nach Jahren. Zuweilen aber erklang das Echo auch sofort, und Dora konnte selbst neue Erkenntnisse für ihr eigenes Leben gewinnen.

So sollten die Mädchen in einem besonderen Notfall praktische Hilfe für eine arme jüdische Wöchnerin leisten, indem sie für ihr Neugeborenes Windeln, Hemdchen und Jäckchen anfertigten. Das machte ihnen Freude und ging leicht von der Hand. Das Ergebnis ihrer Arbeit war ja unmittelbar sichtbar und wurde tatsächlich gebraucht. Nur einem der Mädchen wollte das Nähen anscheinend nicht gelingen. Dora wurde ungeduldig, als sie bemerkte, dass Labibeh, ein griechisch-orthodoxes Mädchen, mit ihrer Arbeit überhaupt nicht vorankam.

»Kindchen, warum bist du heute so träge?«, fragte sie ein wenig ungehalten. »Du hast kaum einen Saum fertig, während andere bereits eine ganze Windel umsäumt haben. Was ist los mit dir?«

Das Mädchen erschrak heftig bei dieser Anrede, und ihr Gesicht und Hals überzogen sich mit einer dunklen Röte. Labibeh wusste sich vor den anderen bloßgestellt. Die schauten alle von ihren Arbeiten zu ihr hin. Aber sie war doch mutig genug, sich zu rechtfertigen, denn sie hatte es wirklich nur gut gemeint.

»Bitte, Miss Dora«, sagte sie leise mit gesenktem Blick, »ich dachte, wir arbeiten für den Herrn Jesus. Da wollte ich ganz besonders schöne Stiche machen. Und das geht dann nicht schneller.«

Jetzt war es die junge Lehrerin, die beschämt dastand. So hatte sie das nicht gesehen. Aber die Lehre daraus wollte sie für die Zukunft gerne ziehen: Wenn eine Arbeit für Jesus getan wurde, dann war ihre beste Ausführung gerade gut genug. »Ja, Labibeh, du hast Recht. Danke!«, strich sie dem Mädchen über das lockige Haar. »Für Jesus ist wirklich der schönste Stich der beste. Verzeih mir meine Ungeduld.«

Dora erschien diese kleine Szene wie eine Demütigung ihres manches Mal stolzen Wesens. Aber hatte sie nicht immer wieder ihren Herrn um Demut gebeten? Wer Demut begehrte, musste Demütigungen hinnehmen. Diese Abhängigkeit des einen vom anderen gehörte wohl zur Lebens- und Glaubensschule der Liebe Gottes.

Dora musste sich selbst gelegentlich aber auch Wachsamkeit gebieten. Falsche, gekünstelte Demut durfte es nicht sein. Hatte nicht einmal jemand zu ihr gesagt: »Eine übergroße Bescheidenheit ist eine raffinierte Eitelkeit«? Der Grenzbereich zwischen echter und falscher Demut war offenbar sehr schmal. Also nicht verkrampfen, Dora, sagte die junge Frau sich gelegentlich selbst.

Woher kamen nur die stechenden Kopfschmerzen und häufigen Schwächezustände und die damit verbundenen zum Teil heftigen Anfechtungen ihres Glaubens? Wo lagen die Ursachen? Waren sie klimatisch bedingt? Hatten sie körperliche Gründe? Oder kamen sie vielleicht aus einer ganz anderen Richtung, von unten aus den Finsternissen des »Lügners von Anfang an«, dem doch sehr daran gelegen war, alles Licht zu zerstören? War die Frage nach der »Wahrheit des Christentums«, die Doras Herz in einer Februarnacht 1863 urplötzlich wie ein brennender Pfeil traf, tatsächlich eine »satanische Anfechtung«, wie die Eltern zu erkennen glaubten, der nur durch umso engeres Festhalten an Jesus zu begegnen war? Dora geriet in ein heißes Ringen mit ihrem Gott, an den sie sich in den Stürmen des höllischen Zweifels und der tödlichen Angst um ihr Seelenheil klammerte wie eine Ertrinkende an ein Brett, das in brodelnder Flut dahintreibt. Mehrere Jahre lang kamen diese Anfechtungen immer wieder.

Das Anklammern war letztlich von Erfolg gekrönt, nein, besser vom Sieg dessen, der die Hölle überwunden, dem Tod die Macht genommen und die Werke des Teufels zerstört hatte. Vor allem aus der engen Gemeinschaft mit ihrem Herrn Jesus in der Feier des heiligen Abendmahls erfuhr Dora jeweils den Zuspruch der Vergebung aller Schuld, auch der unerkannten. Hier verstand sie immer wieder neu, dass der Opfertod und die Auferstehung ihres Herrn Jesus Christus Wirklichkeit waren. Hier erwuchsen ihr Kraft und Zuversicht und der Mut, sich im Notfall erneut festzuklammern.

Ein besonderer Mensch, der Dora in dieser Zeit zum Lehrer wurde, war Alfred Roberts, ein hoch aufgeschossener, kräftiger Amerikaner mit kantigem Gesicht und großer Hakennase, mit sonnigem Gemüt und brennender Liebe für Jesus und die Verlorenen dieser Welt. Vor Jahren hatte er unter primitivsten und härtesten Bedingungen unter gottlosen und geldgierigen Goldgräbern in Kalifornien gelebt und missioniert. Dann war er für einige Jahre zu den Indianern Kaliforniens gegangen. Dort hatte er unter häufig lebensbedrohlichen Bedingungen den kriegerischen, heidnischen Menschen das Evangelium von dem großen Gott und Heiland verkündigt und ihnen die Liebe des einzig wahren und wirklich lebendigen Manitu vorgelebt. Das hatte ihm mit der Zeit den Ehrennamen »Tapfer-Christ« eingebracht.

Später hatte es den Mann aus einem unerklärlichen inneren Drang nach Jerusalem getrieben. Dabei sprach der kantige Mittfünfziger nur Englisch und ein wenig die Sprache seiner Indianer. Keine günstigen Voraussetzungen, um unter der vielsprachigen Bevölkerung der Zionsstadt als Bote des Evangeliums zu arbeiten. Dennoch tat der Mann, was er konnte. Vielleicht war er ja der erste Schriftenmissionar, der an einem Büchertisch mit Bibeln und Bibelteilen in den vielen Sprachen Jerusalems versuchte, den Menschen die befreiende Botschaft des Evangeliums weiterzugeben. Er konnte den Passanten wichtige Bibelstellen zwar meistens nicht erklären, aber er ließ sie einfach die Texte, die ihm wichtig waren, in ihrer Sprache lesen. Die Wirkung der Gottesworte überließ er Gott. Der würde ihren Sinn schon selbst erklären.

So konnte man auch das Evangelium weitergeben. Jedenfalls machte diese besondere Art zu arbeiten Alfred Roberts für viele Araber zu einem Heiligen.

Als »Tapfer-Christ« dann an einem schweren Rückenleiden erkrankte, gewährte Bischof Gobat dem amerikanischen Bruder Quartier und Betreuung in der Zionsschule. Es wurde Doras Aufgabe, den originellen Mann regelmäßig zu besuchen, ihm vorzulesen, ihm liebevolle Handreichung zu tun – und von ihm zu lernen.

Bei einem ihrer Besuche traf sie ihn tief bedrückt und übel gelaunt an. »Was fehlt Ihnen, Mister Roberts? Sie gefallen mir heute gar nicht. Sie blicken so finster. Was kann ich Ihnen Gutes tun?«, nahm Dora Anteil.

»Ich fühle mich dürr und ausgetrocknet«, antwortete der Mann mit müder Stimme.

»Aber nicht, weil Sie zu wenig getrunken hätten?«

»Nein, Miss Dora, daran liegt es nicht. Es ist ein anderer Durst, der mich quält!«, bestätigte er. »Ich bin heute gar nicht der ›Tapfer-Christ‹ und der ›Heilige‹, wie mich viele nennen. Nein, überhaupt nicht.«

Dora dachte nach und fragte dann vorsichtig: »Eher ein durstiger Hirsch?«

Der sehr hager und blass gewordene Mann schaute fragend zurück: »Sie denken an den Psalm, Miss Dora?«

»Ich werde Ihnen den Text vorlesen.« Dann schlug sie den 42. Psalm auf und las ihn langsam und deutlich Vers für Vers vor:

»Wie der Hirsch schreiet nach frischen Wasser,
so schreiet meine Seele, Gott zu dir.
Meine Seele dürstet nach Gott,
nach dem lebendigen Gott,
wann werde ich dahin kommen,
dass ich Gottes Angesicht schaue? …
Mein Gott, betrübt ist meine Seele in mir,
darum gedenke ich an dich im Lande am Jordan
und Hermonim, auf dem kleinen Berge.
Deine Fluten rauschen daher,
dass hie eine Tiefe und da eine Tiefe brausen,
alle deine Wasserwogen und Wellen gehen über mich …
Was betrübst du dich, meine Seele,
und bist so unruhig in mir?
Harre auf Gott, denn ich werde ihm noch danken,
dass er meines Angesichts Hilfe und mein Gott ist.«

Während des Lesens betete Dora im Stillen darum, dass die Worte den Kranken aufmunterten und ihm die gewünschte Erquickung brachten. »Haben Ihnen diese Worte gut getan, Mister Roberts?«, fragte sie.

»Ach, wissen Sie, Miss Dora, der Durst eines anderen kann meinen Durst nicht löschen. Da muss mir jemand Wasser bieten.« Das klang nahezu verzweifelt.

Für eine Weile herrschte Schweigen zwischen den beiden. Der jungen Frau ging die Frage durch den Kopf, wie dem leidenden Mann zu helfen sei. Dann fiel ihr der ein, der nicht für sich selbst Durst gelitten hatte, sondern für andere, auch für den bekümmerten »Tapfer-Christen«. »Darf ich Ihnen noch etwas lesen?«, fragte sie.

»Bitte, Miss Dora, lesen Sie«, stimmte der Mann zu. Dora schlug das Johannesevangelium auf und las einige Verse aus der Szene auf Golgatha: »Danach, als Jesus wusste, dass alles schon vollbracht war, dass die Schrift erfüllet würde, spricht er:

Mich dürstet! Da stund ein Gefäß voll Essigs. Sie aber fülleten einen Schwamm mit Essig und legten ihn um einen Isopen und hielten es ihm dar zum Munde. Da nun Jesus den Essig genommen hatte, sprach er: Es ist vollbracht! Und neigte sein Haupt und verschied.«

Für ein paar Augenblicke ließ Dora den Text einfach wirken. Ihr selbst hatte er einiges zu sagen. Immer einmal wieder an das Leiden und Sterben des Heilandes erinnert zu werden, tat gut. Ob es Mr. Roberts auch so ging? Das Gesicht des Mannes hatte sich etwas aufgehellt. Aber völlig war der Kummer noch nicht gewichen. »Aber hier ist doch auch nur Durst«, bemerkte er leise.

Dora versuchte, ihn aufzumuntern: »Nun, Mr. Roberts, hier hat aber doch der Durst gelitten, der unseren Durst für die Ewigkeit stillen will.«

»Ja!«, kam es mit einem freudigen Ausruf. »Ja! Lesen Sie es mir, Miss Dora, lesen Sie es mir«, forderte der Mann und wurde richtig unruhig. »Ich muss es hören, dass Jesus selbst meinen Durst stillen will.«

»Gerne«, freute sich die junge Frau über die Veränderung, die sich im Gemüt des Gottesmannes Platz schaffte. »Ich lese Ihnen gleich drei Stellen dazu, wie wir sie bei dem Apostel Johannes nachlesen können. Zwei aus seinem Evangelium und eine aus seinem Offenbarungsbuch. Oder ist das vielleicht zu viel?«

»Nein, Miss Dora. Lesen Sie, bitte«, drängte er, als befürchte er, die Gunst des Augenblicks zu verpassen.

Dora schlug auf und las zunächst den Abschnitt von der Begegnung Jesu mit der samaritanischen Frau am Jakobsbrunnen, in der Jesus dieser Frau sich selbst als das lebendige Wasser anbietet:

»… Jesus antwortete und sprach zu ihr: Wenn du erkennetest die Gabe Gottes und wer der ist, der zu dir saget: Gib mir zu trinken; du bätest ihn, er gäbe dir lebendiges Wasser … Wer dies Wasser trinket, den wird wieder dürsten. Wer des Wassers trinken wird, das ich ihm geben werde, den wird ewiglich nicht dürsten, sondern das Wasser, das ich ihm geben werde, das wird ihm ein Brunn des Wassers werden, das in das ewige Leben quillet …«

Und danach las sie einige Verse aus dem siebten Kapitel des Evangeliums und nach einer kleinen Pause noch ein paar Verse aus dem letzten Kapitel der Bibel: »Aber am letzten Tag des Festes, der am herrlichsten war, trat Jesus auf, rief und sprach: Wen da dürstet, der komme zu mir und trinke. Wer an mich glaubt, wie die Schrift saget, von des Leibe werden Ströme des lebendigen Wassers fließen.«

»Ich, Jesus, … bin die Wurzel des Geschlechts David, ein heller Morgenstern. Und der Geist und die Braut sprechen: Komm! Und wer es höret, der spreche: Komm! Und wen dürstet, der komme, und wer da will, der nehme das Wasser des Lebens umsonst!«

Mit geschlossenen Augen hatte Mr. Roberts der Lesung seiner jungen Besucherin zugehört. Jetzt schaute er mit hellem Blick auf. »Oh, das war gut, Miss Dora, das war sehr gut.« Seine Stimme hatte einen ganz neuen Klang, sie spiegelte die Freude, die den Mann nun wieder erfüllte. »So will ich es neu lernen und festhalten: Jesu Liebe ist die Quelle, die den Durst der Seele stillt.«

»Und das für Zeit und Ewigkeit«, ergänzte Dora. »Ich möchte es selbst immer wieder neu lernen und begreifen und nie mehr ohne diese Wahrheit leben. Diese Stunde war auch mir eine Lehrstunde.«

»So ist es gut, Miss Dora. So muss es sein. Wir Christen brauchen solche Lehrstunden immer wieder. Sie werden diese Wahrheit in Ihren künftigen Aufgaben brauchen: Jesu Liebe ist die Quelle, die den Durst der Seele stillt.«

Ja, auch Dora Gobat lernte, nicht zuletzt durch die Begegnungen mit Alfred Roberts, immer wieder aus dieser Quelle zu schöpfen, immer neu zu glauben und zu vertrauen und in diesem Glauben und Vertrauen zu wachsen zu der Größe und Stärke, die sie in den kommenden Jahren zu einer Mutter im Glauben machten, für eine große Schar eigener Kinder und für Generationen junger Menschen.

»Ja, ich will die Deine sein ...«

Im Sommer und Herbst 1865 wurde Palästina von einer heftigen Cholera-Epidemie heimgesucht. Auch Jerusalem wurde nicht verschont, und es gab Tage, an denen das Geschrei der Klageweiber die Stadt füllte und alle anderen Geräusche übertönte. Die christliche Gemeinde in Jerusalem hatte nur einen Todesfall zu beklagen. Die Familie des Bischofs blieb gänzlich verschont, was sie als eine besondere Gnade Gottes empfand. Die Kehlkopfentzündung, die sich bei Dora anbahnte, war da sicher das kleinere Übel, auch wenn sie ein halbes Jahr später dazu führte, dass die Leiterin und Lehrerin der Mädchenschule ihre Stelle mit ihrer Schwester Maria tauschen musste. Die wurde jetzt zur Lehrerin der Mädchenschar, während Dora sich mehr der Hausarbeit und Betreuung der Mitarbeiter im Bischofshaus widmen musste. Gerne vollzog Dora diesen Tausch nicht, aber was blieb ihr anderes übrig? Sicher gehörte diese Entwicklung in irgendwelche Pläne, die Gott für sie schon leise eingefädelt hatte. Wenn man nur manchmal Gott in seine Gedanken schauen könnte!

Eines Mittags kam Luise Traunecker, die seit langem als Kindermädchen im Gobatschen Haus arbeitete, von einem Botengang aus dem Syrischen Waisenhaus zurück. »Ich lache mich kaputt!« Sie war in heiterster Stimmung.

»Erzähl, was los ist«, riefen Dora und Maria fast gleichzeitig.

»Im Waisenhaus gibt es einen Gast aus Alexandrien, einen

Herrn Rappard. Er wird den Herrn Bischof auch besuchen kommen.«

»Und was ist daran so lustig?«, fragte Dora mit ihrer mehr krächzenden als klingenden Stimme. Sie erinnerte sich bei dem Namen natürlich an die kurze Begegnung auf St. Chrischona und war gespannt, ob das wohl der Herr Rappard war, den sie dort kennen gelernt hatte.

Luise musste wieder lachen. »Der Mann ist fast ein Riese und eine sehr würdige Gestalt – und klemmt sich in seinem weißen Hemd und im dunklen Anzug unter die Kuh.«

Fragende Gesichter rundum.

»Herr Rappard übernimmt eine Stelle in dem Chrischona-Projekt ›Apostelstraße‹ oder wie das heißt. So habe ich das mitbekommen. Der Herr Bischof hat wohl auch einmal davon gesprochen. Jetzt wollte er sich bei ihm vorstellen. Aber im Waisenhaus ist der Knecht krank. Da haben sie den Herrn Missionar Rappard gefragt, ob er erst einmal den Meier spielt, weil keiner sonst da ist, der melken kann.«

»Und konnte er der Kuh Milch abringen?«, wollte Maria wissen.

»Ganz bestimmt«, war sich Dora sicher, »der Herr Rappard kommt vom Löwenstein und vom Gut Iben bei Schaffhausen. Der hat Landwirtschaft gelernt. Der wird doch eine Kuh melken können.«

»Das kann er vorzüglich«, bestätigte Luise und wusste noch: »Morgen soll er in der Zionsschule auch die Leichenfeier für den armen Knaben halten, der im Waisenhaus gestorben ist.«

»Das ist sicher nicht so lustig für den Herrn Rappard«, bedauerte Dora, »aber ich werde mir seine Predigt anhören. Ich bin schon gespannt, wie der Chrischona-Bruder predigen kann.«

Jetzt wollte Maria auch noch etwas wissen: »Wird der Herr Rappard auch an der Hochzeit von Adèle Rappard teilnehmen? Die ist doch seine Schwester.«

»Natürlich wird er das. Die Hochzeit von Johannes Hermann und seiner Adèle ist doch eigens so gelegt worden, damit der Herr Rappard dabei sein kann. Vielleicht hält er ja auch dort die Ansprache.«

»Dann mögen wir ja erleben, wie ein junger Prediger des Evangeliums diesen Kontrast mit Beerdigen und Verheiraten verarbeiten kann«, meinte Maria.

»Hier muss er Trost spenden am Ende eines kurzen Lebensweges, dort soll er Wegweisung geben am Anfang eines hoffentlich langen gemeinsamen Weges«, dachte Dora laut. »Nun denn, ich werde wohl auch bei beidem dabei sein und hören, was Herr Rappard zu sagen hat. Ich muss mit meiner Krähenstimme ja nicht mit ihm reden.«

Welche Gedanken sich wohl hinter diesen etwas traurig klingenden Worten verbargen?

Es kam nur zu kurzen Begegnungen der beiden Menschen am Rande der Feiern, und auch beim offiziellen Besuch des Herrn Rappard im Bischofsbüro sahen sie sich nur flüchtig. Hier schien der stattliche Mann noch ernster als bei der Trauerfeier und der Hochzeit. Das mochte wohl daran liegen, dass er inzwischen die Nachricht vom Tode seines Vaters bekommen hatte, dem er nun in dieser Welt nicht mehr begegnen konnte. Wie gerne wäre er jetzt für eine Zeit an der Seite seiner Mutter und bei seinen jüngeren Geschwistern gewesen. Aber das war leider nicht möglich. Die Arbeit in Alexandria konnte nicht noch länger auf den leitenden Mitarbeiter der Pilgermission verzichten. Gut nur, dass die traurige Nachricht vom Löwenstein erst nach der Hochzeit seiner Schwester eingetroffen war. So war die Feier wenigstens noch unbelastet gewesen.

Die wenigen Minuten, in denen sich Carl Heinrich Rappard und Dora Gobat gegenübergestanden oder -gesessen hatten, hinterließen jedoch einen tiefen Eindruck bei der jungen Frau. Das war ein besonders begnadeter Mann, er war seines Amtes im Reich Gottes mehr als würdig. Und sicher war er auch zu

mehr berufen als zum »schlichten« Missionar auf der ersten Station der »Apostelstraße«.
Im Frühjahr 1865 erhielt Dora eine Einladung von dem befreundeten schottischen Pfarrersehepaar Yule nach Ramleh bei Alexandria. Hier könne die junge Frau in der frischen Seeluft ihre kranke Stimme kurieren. Dora freute sich. Der Aufenthalt am Meer war sicher auch gut für ihr allgemeines Befinden, das immer wieder zu wünschen übrig ließ. Gerne nahm sie die Einladung an und reiste mit Reittier und Dampfschiff über Jaffa gen Westen, um in wenigen Tagen die altehrwürdige Hafenstadt an der ägyptischen Mittelmeerküste zu erreichen.

Herrliche Wochen verlebte Dora bei den Freunden an diesem idyllischen Ort, wohltuend für Leib und Seele. Vielleicht auch deshalb, weil sie im Hause der Yules immer wieder einmal dem jungen Herrn Rappard begegnete, der inzwischen auch zu den Freunden des Hauses gehörte. Was der so erzählte von seiner Tätigkeit in der Schule, die er gegründet hatte und in der er zusammen mit Johannes Bauder, einem Schweizer Lehrer, an die zweihundert Schüler unterrichtete, war hochinteressant. Und wie er als Junggeselle den großen Haushalt seiner Einrichtung in einem verhältnismäßig großen Gebäudekomplex mit knappsten Mitteln in Ordnung hielt, was Dora seinen Worten entnahm, war auch bemerkenswert. Eine Frau täte dieser Arbeit gut, aber zum Heiraten brauche er die Zustimmung seiner Missionsleitung auf St. Chrischona, erwähnte er bei einem Spaziergang so nebenbei, als er seiner Begleiterin vom Wohl und Wehe seiner Arbeit erzählte.

Merkwürdige Sitte, ging es Dora durch den Sinn, wieso musste die Missionsleitung einem Missionar erlauben zu heiraten? Ob die auch noch Vorschriften machten, wen der Mann denn dann heiraten sollte? Kaum gedacht, war der Gedanke aber auch schon wieder verschwunden, wie von vorbeifliegenden Möwen aufgeschnappt und davongetragen.

»Fräulein Dora, Sie fahren später zum Krankenhaus der Kaiserswerther Schwestern?«, fragte Carl Heinrich Rappard an einem Nachmittag.

»So habe ich es vor«, bestätigte die junge Frau.

»Dr. Yule hat mich gebeten, Sie zu begleiten«, eröffnete ihr der Missionar, »Sie haben doch keine Bedenken?«

»Sollte ich die haben?«

»Durchaus nicht. Dann kann ich den Wagen bestellen?«

»Wenn Sie das freundlicherweise übernehmen wollen, Herr Rappard«, bestätigte Dora. »In einer Stunde könnten wir fahren.«

Es wurde eine interessante und abwechslungsreiche Fahrt, auf der der Begleiter der jungen Frau manches über Alexandria erzählte, über seine Geschichte und seine Gegenwart, über das Zusammentreffen verschiedener Religionen und Glaubensrichtungen und über die dringende Notwendigkeit einer gründlichen Missionsarbeit in dieser Stadt, im ganzen Land Ägypten und entlang der geplanten »Apostelstraße«.

Im Krankenhaus der Kaiserswerther Schwestern hielten sich die beiden jungen Menschen eine Weile auf. Dora erledigte, was sie dort zu tun hatte, Rappard nutzte die Zeit für Krankenbesuche. Die Droschke wartete derweil vor dem Eingang.

Später ging es zurück zur Villa der Yules außerhalb der Stadt am Meer. Als das Gefährt anhielt, übergab Dora Herrn Rappard ihre Geldbörse. Für eine Frau schickte es sich nicht, die Fahrtkosten selbst zu begleichen, wenn ein Mann anwesend war. »Bitte, bezahlen Sie den Kutscher für mich, Herr Rappard«, bat Dora.

»Das tue ich durchaus nicht, mein Fräulein. Die Droschke zu zahlen ist meine Sache. Ich übernehme selbstverständlich die Kosten.«

»Das ist mir aber unangenehm«, versuchte Dora den Mann von seinem Vorhaben abzubringen.

»Das muss es aber durchaus nicht sein«, widersprach der

mit einer großzügigen Handbewegung, die für ihn charakteristisch zu sein schien. Dora hatte den Mann sich schon ähnlich bewegen sehen.

»Nun denn«, ergab sie sich in die Situation und nahm die Börse wieder an sich. »So kann ich nur bestens danken.«

Wenige Tage nach diesem kleinen Ereignis trennten sich die Wege der beiden Menschen wieder.

Bischof Gobat hatte für das Frühjahr 1867 eine Reise nach England und auf den europäischen Kontinent vorgesehen. Da er seine Dienstreisen jeweils mit Verwandtenbesuchen verbinden konnte, sollten seine Frau und die Jerusalemer Kinder ihn begleiten. Außer Bedoni und seiner Familie weilten seit zwei Jahren nämlich auch die beiden Söhne James und Samuel zum Studium in England. Es bot sich also an, die Reise ein wenig auszudehnen, damit ein Familientreffen möglich war. Die Reisevorbereitungen sollten rechtzeitig vor Palmsonntag beendet sein, so dass die Familie die heilige Woche noch in Ruhe und Besinnlichkeit erleben konnte.

Um irgendeine Sache zu besorgen, suchte Dora am Mittwoch zuvor den Spittlerschen Laden auf, wo sie schon beim Betreten von Johannes Hermann freudig empfangen wurde.

»Sei gegrüßt, Dora, was glaubst du, was ich hier für einen Brief in der Hand halte?« Dora zuckte mit den Schultern.

»Ist der für mich interessant oder wichtig?«, fragte sie.

»Wer weiß? Interessant mag er jedenfalls sein.«

»Also sag schon, welche wichtige Nachricht der Brief enthält, Johannes«, wurde die junge Frau jetzt doch neugierig.

»Der Brief kommt aus Alexandria von meinem Schwager Heinrich und meldet seinen baldigen Besuch. Er möchte seine Osterferien bei uns verbringen.«

»Das ist sicher schön für Herrn Rappard und schön für euch«, sagte Dora leichthin und bemühte sich dabei, die leichte Erregung, die sie innerlich erfasst hatte, zu verbergen.

Wieso bewegte sie eigentlich die Ankündigung des Besuchs von Heinrich Rappard?, fragte sich die junge Frau auf dem Rückweg nach Hause. Was hatte sie mit Heinrich Rappard zu tun? Sie waren sich ein paar Mal begegnet, sie hatte zu dem dreißigjährigen »Chrischona-Bruder« aufgeschaut und war beeindruckt von seiner hohen, vornehmen Gestalt, von seiner tiefen Frömmigkeit und von seiner Begeisterung für den Missionsdienst in der ägyptischen Hafenstadt. Zugegeben, das war ein Mann, nach dem sich die Mädchen umschauen mochten. Der stellte etwas vor, groß, stattlich, gut aussehend, ein Mann mit Manieren und Ausstrahlung.

Weiter und tiefer waren Doras Vorstellungen bisher nicht gegangen. Aber seit dieser Nachricht begannen die Gedanken um diesen Mann in ihrem Kopf zu kreisen und Unruhe zu stiften. Um der Seele wieder Ruhe zu geben, zog sich die junge Frau, sobald sie konnte, in ihr Zimmer zurück. Sie musste diese Gedanken loswerden. Das ging nur durch Abgeben an den, der sich bereit erklärt hatte, alle menschliche Sorge auf sich zu nehmen. Dora ging in ihrer Fensternische auf die Knie. »Lieber Heiland, behüte du selbst mein Herz, dass keine Liebe darin erwacht, als wo du selbst sie haben willst.«

Das Gebet hatte die erhoffte Wirkung. Dora wurde innerlich wieder ruhig und sah den bevorstehenden Tagen einigermaßen gelassen entgegen.

Es war ein herrlicher Abend am Samstag vor Palmsonntag, den die Bischofsfamilie auf dem Söller ihrer Residenz verbrachte. Eltern und Töchter genossen die Aussicht über die Kuppeln und Minarette der Stadt und über die angrenzenden Höhen des Ölbergs und des benachbarten Scopus-Berges, die wie so oft im abendlichen Licht wie mit Gold überzogen wirkten und Auge und Gemüt erfreuten. Zusätzliche Freude gab es durch den Besuch von Heinrich Rappard auf dem Söller. Der Mann hatte Jerusalem gerade erst erreicht und wollte doch schon dem

Bischof seine Aufwartung machen. Dass dessen Frau und die Töchter mit ihm auf dem flachen Dach waren, schien ihm sehr recht zu sein. Das steigerte den Wert der ohnehin herzlichen Begrüßung und der angeregten Unterhaltung, die sich ergab.

Beim Abschied nach der kurzen Begegnung vereinbarten der Bischof und der Gast für die kommenden Tage einige gemeinsame Unternehmungen. Am Gründonnerstag sollte es zum Beispiel mit einigen Freunden einen gemeinsamen Abendspaziergang auf den Ölberg geben, um im Garten Gethsemane der letzten Stunden des Heilandes zu gedenken. Es würde Vollmond sein und daher hell genug, den Abend gemeinsam draußen zu verbringen. Am Samstag würden sie einen Ausritt hinüber nach Bethlehem unternehmen, wo sich die Töchter gerne vor ihrer Abreise nach Europa bei Freunden im Missionshaus verabschieden wollten. Zum Tagesabschluss sollte es dann ein gemeinsames Abendessen im Bischofshaus geben. Schließlich sollte Herr Rappard am Ostersonntag die Predigt in der Christuskirche halten. Danach galt es wegen der Europareise der Gobats schon wieder, sich voneinander zu verabschieden.

Bei diesen gemeinsamen Unternehmungen ergaben sich die Gespräche von Dora Gobat und Heinrich Rappard von selbst, wenngleich sie meist einseitig geführt wurden. Die junge Frau hielt sich eher zurück, um ihren etwas verwirrten Gefühlen keine zusätzliche Nahrung zu geben. Es war ihr sehr bald nach der Abendbegegnung auf dem Dach aufgefallen, dass sie dem Missionar der Schweizer Pilgermission offenbar nicht gleichgültig war. Aber in vornehmer Zurückhaltung ließ der sich seine warmen Empfindungen kaum anmerken. Er suchte aber immer wieder die Nähe des Fräulein Dora.

Sollte einer verstehen, warum dies während des Ausflugs nach Bethlehem ganz plötzlich aufhörte! Dora schien für den Herrn Rappard kaum noch da zu sein. Er unterhielt sich mal mit seiner Schwester, mal mit seinem Schwager, mal mit Maria, aber nicht mehr mit ihr. Er schien ihr sogar bewusst aus dem

Weg zu gehen. Das war beim gemeinsamen Abendessen im Bischofspalast nicht anders. Sie schien für ihn plötzlich Luft zu sein. Auch der Abschied am Ostersonntag nach dem Gottesdienst erschien ihr recht kühl.

Dora musste zugeben: Es bereitete ihr Kummer, dass der Herr Rappard anscheinend doch keine Empfindung für sie hatte, wo sich ihre für ihn doch längst im Herzen eingenistet hatte. Die plötzliche Zurückhaltung des Mannes war wirklich merkwürdig. Sollte sie sich denn in ihrer stillen Beobachtung und in ihrem Gespür so sehr getäuscht haben? Das wäre alles andere als schön, das wäre schlimm, das wäre sogar furchtbar. Wie sollte sie damit nur umgehen?

Dora flüchtete sich in die wiederholte Lektüre der Ostergeschichten in den vier Evangelien und in das wunderbare Auferstehungskapitel im ersten Korintherbrief. Diese Botschaft sollte ihr genug sein: »Was suchet ihr den Lebendigen bei den Toten? Er ist nicht hier, er ist auferstanden!«, und: »Nun aber ist Christus auferstanden von den Toten und der Erstling worden unter denen, die da schlafen.« Es gelang Dora, ihre Enttäuschung beiseite zu schieben. »Wenn Jesus lebt, so ist mir das genug«, sagte sie sich ein ums andere Mal.

Der andere Fluchtpunkt, den sie aufsuchte, waren Lieder, die sie mit Maria sang und mit denen sie sich selbst stärkte. Der in seinem Leben um die Wende vom 17. zum 18. Jahrhundert häufig durch Leid geprüfte Gießener Professor Gottfried Arnold gab ihr mit einem seiner Lieder besondere Kraft. Dieses Lied war ihr aus der Seele gesprochen, und es machte ihr Mut, den Verzicht zu ertragen, wenn er denn von ihr gefordert würde:

»So führst du doch recht selig, Herr, die Deinen,
ja, selig und doch meist verwunderlich!
Wie könntest du es böse mit uns meinen,
da deine Treu nicht kann verleugnen sich?
Die Wege sind oft krumm und doch gerad,

darauf du lässt die Kinder zu dir gehen;
da pflegt's oft wunderseltsam auszusehn,
doch triumphiert zuletzt dein hoher Rat …«

In ihrem Inneren zog Dora einen Schlussstrich unter eine Beziehung, die doch eigentlich noch gar keine richtige war. Wie hatte sie doch gebetet? »Lieber Heiland, behüte du selbst mein Herz, dass keine Liebe darin erwacht, als wo du selbst sie haben willst.« Die Liebe, die in ihr erwacht war, war wohl doch nicht nach Gottes Willen. Also musste sie sich wieder von ihr trennen, solange das noch einigermaßen schmerzlos möglich war. Sie wollte Gott in keinem Fall eigenwillig ins Handwerk pfuschen. Anscheinend hatte er andere Pläne mit ihr.

Dabei hatte Dora sich tatsächlich nicht getäuscht in ihrem Eindruck, dass Carl Heinrich Rappard ein Auge auf sie geworfen hatte. Warum das Verhalten des Mannes sich aber so plötzlich in sein vermeintliches Gegenteil gewendet hatte, verriet ihr seine Schwester.

Nachdem Dora sich nach dem Ostergottesdienst von Carl Heinrich Rappard verabschiedet hatte, weil der am nächsten Morgen nach Jericho reisen wollte, zog Adèle sie zur Seite. »Ich muss dir etwas sagen, Dora.«

Die war mit ihren Gedanken noch bei Heinrichs wunderbarer Predigt. »Der auferstandene Christus will uns alles sein im Leben. Wenn er es ist, dann ist alles gut für Zeit und Ewigkeit!« Ja, so sollte es in ihrem Leben sein! Christus allein alles in allem! In jedem Fall, ob ohne diesen Mann – oder vielleicht doch mit ihm …? Dora musste ihre Gedanken erst wieder ordnen.

»Was willst du mir sagen?«, fragte sie noch ein wenig abwesend zurück.

»Weißt du, dass mein missionarischer Bruder meinen Johannes zu deinem Vater geschickt hat?«

Dora konnte mit der Frage nichts anfangen und zuckte mit den Achseln: »Was hat dein Johannes im Auftrag deines Bruders bei meinem Vater zu suchen?«

»Er sollte deinem Vater ausrichten, dass seine ferne Missionsleitung ihn aufgefordert habe, seinem Haushalt in Alexandria eine Frau und Hausmutter zu geben.«

»Und was habe ich damit zu tun, dass du mir das jetzt erzählst?«, gab Dora erstaunt und ein wenig erschrocken zurück. In ihr erwachte eine Ahnung, die ihr den Puls schneller gehen ließ.

»Mein Bruder hat deinem Vater sagen lassen, dass er seiner Tochter Dora sehr zugetan sei. Er könne es sich gut vorstellen, sie als seine Frau in sein Missionshaus zu holen.«

Für einen Augenblick verschlug es Dora die Sprache. Dann platzte es aus ihr heraus: »Sag das noch einmal, Adèle! Hat er das wirklich ausrichten lassen?«

»Das hat er, wie ich es gesagt habe.«

Dora stockte der Atem, dann fiel sie Adèle um den Hals. »Das ist ja herrlich! Das ist ja wunderbar!«, sprudelte es aus ihr heraus.

Der eine oder andere von den Umstehenden mochte sich über den plötzlichen Gefühlsausbruch der jungen Frau wundern. Das war ganz offenbar mehr als Osterfreude eines jungen Menschen.

»Und weißt du, was mein Vater geantwortet hat?«, hakte Dora nach.

»Er hat Bedingungen gestellt.«

»Bedingungen? Was für Bedingungen?«, erschrak Dora.

»Drei Bedingungen hat dein Vater genannt, unter denen er einen Schwiegersohn akzeptiert. Denk doch mal an Hanna und ihren John. Bei denen sind die Bedingungen erfüllt.«

»Mach's bitte nicht so spannend, Adèle«, drängte Dora, und ihre Augen glänzten vor Spannung, »sprich, ich kann jetzt nicht denken.«

»Also: erstens muss der Bewerber um eine Gobat-Tochter

ein wahres Gotteskind sein. Zweitens muss er eine Stellung haben, die ihn in die Lage versetzt, eine Familie zu ernähren.«

»Geht sicher alles in Ordnung bei Heinrich Rappard. Und drittens? Was ist drittens? Nun sag schon, Adèle!«

Die zögerte einen Augenblick mit ihrer weiteren Antwort. Das erhöhte die Spannung. Dann sagte sie mit einem Augenzwinkern: »Drittens muss eine deutliche gegenseitige Liebesneigung vorhanden sein. Dein Vater will mit dir noch heute darüber sprechen.«

»Das kann er gerne«, jubelte Dora. »Wenn von der Seite deines Bruders Liebesneigung da ist, dann ist die dritte Bedingung auch erfüllt. Ich liebe ihn doch. Ich weiß es, dass ich ihn liebe. Adèle, wie bin ich glücklich! Welch ein herrlicher Tag!«

Dann hatte Dora aber doch noch eine Frage: »Wieso hat sich dein Bruder dann gestern so plötzlich von mir abgewandt? Er hat mich bei der Rückkehr von Bethlehem und später im Haus beim Abendessen behandelt, als sei ich Luft für ihn.«

»Das war ein besonderes Zeichen seiner Liebe«, antwortete Adèle.

»Das verstehe ich nicht«, sagte Dora.

»Sieh, Dora, Carl Heinrich hatte gespürt, dass du ihm zugeneigt bist wie er dir. Er wollte dir aber keine tieferen Hoffnungen machen, ehe er nicht die Antwort deines Vaters kannte. Und dann musst du noch eines wissen.«

Was denn noch?, schoss es der jungen Frau mit einer gewissen Bangigkeit durch den Kopf.

Adèle fuhr fort: »Mein Bruder wird sich auch nach der Antwort deines Vaters noch zurückhalten, weil er auch die Zustimmung seiner Missionsleitung einholen will und ebenso die seiner Mutter.«

»Das ist ja schrecklich«, entfuhr es Dora. »Und wenn die Pilgermission nein sagt? Oder wenn seine Mutter Bedenken hat?«

»Dummerchen«, wies die Freundin diese Zweifel zurück. »Du bist die Tochter des Bischofs. Du hast eine gute Reputation. In St. Chrischona und auf dem Löwenstein werden sie mit Freuden Ja sagen zu Carl Heinrichs Wahl.«

»Und wie lange muss ich noch auf seine Liebeserklärung warten?«

»Darüber werden leider ein paar Wochen vergehen. Er wird sie dir wahrscheinlich mit der Post nach England schicken, wenn er die beiden Antworten erhalten hat. Und die Postwege sind lang und brauchen Zeit. Aber jetzt muss ich gehen, meine Liebe. Dein künftiger Ehemann möchte etwas zu essen haben und mein eigener auch.«

Adèle verabschiedete sich von der Freundin und künftigen Schwägerin mit einer Umarmung und dem Hinweis auf eine gute Wahrheit: »Warten steigert die Sehnsucht, Sehnsucht vertieft die Liebe, und solche Liebe findet eine wunderbare Erfüllung. Übrigens: Die Kraft zum Warten und die Sehnsucht auszuhalten und die spätere Erfüllung kommen von dem lebendigen und auferstandenen Herrn. Heute ist Ostern, Dora! Jesus, der Herr, lebt!«

»Halleluja!«, gab Dora noch zurück und schwebte auf einer Wolke des Glücks der Bischofsresidenz zu. Wann würde der Vater wohl mit ihr reden?

Später am Mittagstisch wunderten sich alle über das stille Lächeln, das während des Essens auf Doras Gesicht lag. Irgendetwas besonders Schönes und Erhebendes musste der jungen Frau begegnet sein. Sie umging allerdings alle erbetenen Erklärungen, schaute nur immer wieder zu ihrem Vater in der frohen Erwartung seiner Anfrage bei ihr.

Dann standen die Eltern mit ihrer Tochter im Erker des Speisezimmers, und der Vater berichtete Dora sachlich, was sie von Adèle schon wusste. Freilich ließ sie sich davon nichts anmerken. »Was soll ich Herrn Rappard nun schreiben, damit er meine Antwort vorfindet, wenn er von seiner Jordanreise zurückkommt?«, fragte er schließlich.

Doras Herz klopfte mächtig, und irgendetwas schnürte ihr den Hals zu. Ihr Gesicht war von einer leichten Röte überzogen, strahlte aber dabei und zeigte einen Ausdruck, der eine Antwort des Mädchens eigentlich erübrigte. Dora fand in ihrem Glück aber nicht sofort die richtigen Worte. Die fand dafür ihre Mutter, und ihr liefen ein paar Freudentränen über die Wangen: »Frage nur mich, Samuel. Ich weiß schon, wie es um Dora steht.«

»Dann soll sie es mir bitte sagen«, beharrte der Vater.

Jetzt atmete Dora doch ein paar Mal kräftig durch, schluckte und erklärte sich dann so deutlich, wie es der besondere Augenblick zuließ: »Carl Heinrich Rappards Liebe beglückt mich zutiefst, und ich möchte ihm diese Liebe gerne erwidern. Ich weiß nur nicht, ob ich seiner würdig bin und ob ich zu seiner Frau taugen kann.«

»Du kannst, mein Kind, du kannst es sicher«, zerstreute der Vater ihre Bedenken; dabei klang seine Stimme gar nicht mehr sachlich. »Du sollst wissen, dass du für den Mann eine Gebetserhörung bist.«

»Wie kann ich das sein?«, wollte Dora jetzt natürlich wissen.

»Vor seiner Abreise aus Alexandria hat Herr Rappard Gott sein Anliegen vorgelegt und ihn gebeten, dass er ihm bald die Jungfrau zeigen solle, die er für ihn bestimmt habe.«

»Das war ja dann etwa um dieselbe Zeit, in der ich in meinem Zimmer ähnlich gebetet habe«, wunderte sich Dora.

»Das ist eine interessante Kleinigkeit am Rande eurer Geschichte. Gott spinnt die Fäden in den Geschicken seiner Leute manchmal auf merkwürdige Weise.«

»Aber er spinnt sie immer klug und weise und für alle Beteiligten sehr gut«, ergänzte die Mutter und fuhr fort: »Wann hat ihm Gott denn dann seine Jungfrau gezeigt?«

»Das wüsste ich auch noch gerne. Weißt du's, Vater?«

»Herrn Rappards Ahnung, dass du es sein könntest, ist schon älter«, antwortete Samuel Gobat. »Die gibt es schon seit früheren Begegnungen, die euch zusammengebracht hatten. Der deutliche Fingerzeig Gottes geschah am vergangenen Samstag auf unserem Söller. Gott hat dich wohl an diesem herrlichen Abend in einem besonderen Licht erscheinen lassen, so dass Herrn Rappards Gebet damit erhört war. – Und, was schreib ich ihm nun? Wir sind bereits auf dem Weg nach Jaffa, wenn er aus dem Jordan-Tal zurückkommt«, verlangte der Vater noch einmal eine eindeutige Aussage seiner Tochter.

Die fühlte sich jetzt frei für ihre fröhliche Zusage: »Schreib ihm, es gebe heute keinen glücklicheren Menschen in dieser Stadt als Dora Gobat. Und schreib ihm, dass deine Tochter sehr traurig ist, weil sie gerade jetzt nach Europa reisen soll, und dass sie darum betet, dass die Antworten aus Deutschland und der Schweiz möglichst rasch kommen mögen und dass sie sich in den nächsten Wochen stark beherrschen müsse, um nicht vor Sehnsucht zu vergehen.« Dora unterbrach sich selbst. »Nein, schreib ihm nur, dass ich mich freue, von seiner Liebe zu wissen, und dass ich daran arbeiten werde, der Stellung als Frau und Gehilfin an seiner Seite würdig zu werden.«

»Das ist eine gute Antwort, mein Kind. So werde ich schreiben«, bestätigte der Bischof freudig. Dann wurde er noch einmal ernst, und seine Augen glänzten sogar ein wenig feucht: »Du musst wissen, Dora, es ist ein großes Geschenk, die erste, starke Liebe eines reinen, frommen Mannes zu haben. Frag deine Mutter, ob es so ist. Und jetzt lass dir gratulieren zu deinem Glück.« Was die Eltern mit herzlichen Umarmungen dann auch taten.

Mit sehr gemischten Gefühlen war Dora mit ihren Eltern und Geschwistern am Dienstag, dem 23. April 1867, einem herrlich warmen und strahlenden Frühsommertag unterwegs nach Jaffa, um sich dort für die lange Überfahrt nach England einzuschiffen. Einerseits ging ihr Herz in Sprüngen und war einfach nur voller Glücksempfindungen. Andererseits legte sich doch ein wenig Mehltau des Trennungsschmerzes darüber. Die nächsten Wochen würden sicherlich lang, sehr lang werden, bis die ersehnte Nachricht ihres Liebsten endlich bei ihr ankäme. Dennoch, seit dem Gespräch mit den Eltern fühlte sich Dora als glückselige Braut, zwar noch ohne jedes äußere Siegel, aber das würde kommen.

Beim Ritt durch die Ebene Saron sang es in ihr vor Glück und Dankbarkeit:

»O nimm ihn an, den armen schwachen Dank,
den dir mein Herze bringt!
O höre, Herr, den frohen Lobgesang,
der in der Brust mir klingt!
Noch kann ich's kaum verstehen,
was deine Liebe tut;
eins kann ich herrlich sehen:
Du bist unendlich gut.
…
Du führst mich nun auf sanftem, lichtem Pfad;
wie innig wohl ist mir!
O schenk mir doch durch deine große Gnad,
zu bleiben stets bei dir!
Denn nicht an diese Erden
soll fesseln mich mein Glück;
Es soll ein Steg mir werden
zu dir, mein Heil, zurück …«

23 Tage dauerte die wechselvolle und teilweise turbulente Schifffahrt nach Liverpool. Das Dampfschiff hatte wegen eines Sturmes im Hafen von Gibraltar ankern müssen, was den Fahrgästen allerdings die Möglichkeit eines Landganges und einer Droschkenfahrt ins nahe Hinterland eröffnete. Auch die Einfahrt in die Gewässer des Atlantiks war nicht ohne erhebliche Turbulenzen verlaufen. Die meisten Passagiere wurden dabei

Opfer tagelanger Seekrankheit. Dennoch, am Ende hatten sie die Überfahrt glücklich bewältigt, und die Ankunft auf der britischen Insel wurde von allen Reisenden gefeiert.

Benoni Gobat holte seine Lieben persönlich ab, um mit ihnen aufs Land ins idyllische Isycoed weiterzureisen, wo er inzwischen seine Pfarrstelle hatte. Blandina, die jüngste der Gobat-Töchter, war auf anderen Wegen bereits nach England gekommen und wartete bei ihm auf die Eltern und die beiden großen Schwestern. Das wurde ein fröhliches Wiedersehen nach der langen Trennung! Das Berichten und Erzählen dessen, was jeder in der zurückliegenden Zeit erlebt hatte, wollte schier nicht aufhören.

»Mich wundert's, dass du so ruhig bist, Schwester«, meinte Blandina, als sie die Geschichte der noch nicht offiziellen Verlobung von Dora und Heinrich Rappard erfahren hatte. »Du kannst dir doch noch gar nicht sicher sein, ob …«

»Ich bin mir sicher, mein Liebes«, unterbrach Dora die angedeutete Frage ihrer Schwester mit Nachdruck. »Ich bin mir sogar sehr sicher, dass ich bald eine gute Antwort von Herrn Rappard bekomme. Ich muss halt warten. Aber ich bin sehr ruhig in dieser Schule des Gottvertrauens. Er wird es führen. Die Post braucht leider viel Zeit für die langen Wege.«

Sie brauchte Zeit bis zum 7. Juni. An diesem Tag hielt Dora den heiß ersehnten Brief aus Alexandria endlich in Händen. Wer wollte es nicht verstehen, dass sie sich mit ihm in ihr Zimmer zurückzog? Sie musste allein sein mit dem, was sie zu lesen bekam.

Mit zitternden Fingern öffnete sie den Umschlag und zog den eng beschriebenen Briefbogen heraus. Endlich konnte sie es lesen, was sie so lange ersehnt hatte: »Meine innigst geliebte Dora …« Um weiterlesen zu können, musste die Glückliche zunächst ein paar Tränen abwischen, wobei sie das Taschentuch immer wieder gebrauchte, bis sie den Brief schließlich aus der Hand legte. Heinrichs Worte waren einfach wunderbar.

Das Komitee der Pilgermission hatte sich mit seiner Wahl sehr gerne einverstanden erklärt, und die geliebte Mutter auf Löwenstein hatte große Freude über seine glückliche Wahl ausgedrückt. Sie würde gerne die künftige Schwiegertochter so bald wie möglich kennen lernen. Dora Gobat sei herzlich auf Gut Iben eingeladen. Nachdem die bischöflichen Eltern ja bereits in Jerusalem ein positives Signal gegeben hätten, gebe es nun also keinen Hinderungsgrund mehr, ihre Verbindung als von Gott gewollt und eingefädelt zu sehen. Nun sei er frei, ihr, seiner Dora, seine tiefe Liebe zu gestehen und sie ganz offiziell zu bitten, seine Frau und Gehilfin seines Lebens und seiner Arbeit zu werden. Und das allein unter den wachsamen Augen Gottes und an den führenden und segnenden Händen des Heilandes Jesus Christus, allein ausgerichtet auf die Förderung des Reiches Gottes in dieser Zeit und für die Ewigkeit.

Der Brief schloss mit einer wiederholten Liebesbezeugung und mit einem Wunsch: »Es wäre mir ein großes Glück, wenn ich Urlaub bekäme, in die Schweiz zu reisen. Ich könnte mir diese Freude selbst nehmen, wenn ich wollte, in den Ferien. Aber ich würde fürchten, gerade dadurch die Freude zu verderben. Ich will sie mir nur von meinem zarten Meister schenken lassen, wenn er es für gut findet, und wenn nicht, dann ist es auch recht. Er soll immer in der Mitte sein zwischen uns.«

Dora las den langen Brief gleich mehrmals hintereinander und schloss zwischen den einzelnen Abschnitten immer wieder die Augen, um sich das Gesicht ihres Liebsten vorzustellen. Sie war jetzt nur noch glücklich und unendlich dankbar. Innerlich stimmte sie die letzte Strophe ihres Liedes von neulich an:

»So nimm ihn an, Herr Jesus,
nimm ihn an, den frohen Lobgesang;
mein Leben sei von dem, was du getan,
ein steter Widerklang!

Mag kommen Not und Schmerzen,
ich steh in deiner Hut;
es strahlt in meinem Herzen:
Du bist unendlich gut!«

Dann setzte sie sich hin, um sofort zu antworten. Es wurde ein ebenso langer Brief wie der, den sie bekommen hatte. »... Oh, wie danke ich dem Herrn, der meine Schwachheit kennt, dass er mir Deine Liebe geschenkt hat, die rein und warm ist, die mich nicht an die Erde fesselt, sondern aufwärts zieht zu ihm, die mich froh und dankbar und selig macht! Und so darf ich Dir denn getrost die Hand reichen, darf Dir ins Auge sehen und Dir geloben: Ja, ich will die Deine sein von ganzem Herzen, will Dich lieben, Dir folgen und Dir dienen, so gut ich kann. Ich will gern an Deiner Seite als Pilgerin zur Heimat reisen, denn Deine Heimat ist ja auch meine Heimat, Dein Gott mein Gott, ein Gott, den ich tausendfach betrübt habe, aber doch mein Gott, ohne welchen ich keine Freude und keinen Frieden kenne. Ich glaube es in meiner tiefsten Seele, dass er zu meinem Ja sein Amen sagt, und ich danke ihm dafür ...«

Dieser erste Briefwechsel begründete die Verlobung der beiden füreinander bestimmten Menschen, die jetzt auch öffentlich gemacht werden konnte. Jeder, der in irgendeiner Weise Verbindung zu den Familien Gobat und Rappard hatte, sollte es erfahren: Der Pilgermissionar Carl Heinrich Rappard und die Bischofstochter Dora Gobat waren ein Paar und schickten sich an, gemeinsam ihren Platz im Weinberg des großen Gottes einzunehmen und ihr Leben zu seiner Ehre zu führen und zu gestalten, wo immer dieser Platz auch sein würde.

Eine reich beschenkte Frau

Zunächst aber galt es für beide Brautleute, in großer Geduld auf die erste Umarmung und den ersten Kuss zu warten und die Trennung zu ertragen, deren Ende noch nicht abzusehen war. Heinrich war in Alexandria in seine Arbeit eingebunden, Dora in England in das Reise- und Besuchsprogramm ihrer Eltern. Aber es gab ja die Post, und an Briefpapier mangelte es weder hier noch da. Die Empfindungen füreinander, ihre Erlebnisse und die Gedanken zur gemeinsamen Zukunft vertrauten sie ungezählten Briefen an.

Aber auch das war ein Weg, sich gegenseitig kennen zu lernen, nach und nach zu erfahren, wer der andere eigentlich war, wie er fühlte und dachte und wie er sich das künftige Miteinander vorstellte. Da tauschten sie in großer Offenheit die jeweils eigenen Schwächen und Stärken, Hoffnungen und Sehnsüchte, Erkenntnisse und Überzeugungen aus, nahmen sie gegenseitig an und bestärkten oder korrigierten einander in Liebe und Demut. So schrieben sie:

»... Zum wahren Glück ist volles Vertrauen nötig. Ich werde Dir immer alles, alles sagen, und Du Deinerseits mir auch. Oh, es soll ein reiches Leben sein, reich an Vertrauen, reich an Liebe, reich an gegenseitiger echter Höflichkeit ...« (Heinrich)

»Das Amt, eine Frau zu sein, kommt mir so heilig vor, dass ich mich unwürdiger fühle als je. Aber ich glaube, dass der Herr meine Bitte erhören und nicht zugeben wird, dass ich Dir ein Hindernis sei auf Deinem Pfad. Es ist etwas so Schönes, dass ich Dich lieben darf; ich habe gar nicht geahnt, wie schön es ist und wie reich es einen macht. Und doch bin ich so froh, dass ich gerade, ehe dies wundervolle Glück kam, mich ganz und gar mit meiner Zukunft und meiner Liebe dem Herrn anbefehlen konnte und es fühlte, dass ich, wenn ich ihn nur habe, nichts anderes brauche ...« (Dora)

»... Weißt Du, was wir tun wollen, um immer recht lieb miteinander zu sein: Es gibt in der Bibel viele Stellen, die von den gegenseitigen Pflichten der Ehegatten reden. Nun werde ich diejenigen Stellen beherzigen, die von den Pflichten des Mannes handeln, und Du wirst diejenigen beherzigen, da von den Pflichten der Frau dem Manne gegenüber gesprochen ist. Bei vielen christlichen Ehegatten geschieht das Gegenteil. Der Mann kennt nur die Stellen, die ihm sagen, was seine Frau ihm schuldig ist. So hat es aber Gott nicht gemeint. Jene Worte sind an das Weib gerichtet und nicht an den Mann …« (Heinrich)

»… Es ist mir immer groß vor der Seele gestanden, dass das Weib geschaffen wurde, um Gehilfin zu sein, und dass es des Geschöpfes höchste Ehre sein muss, das zu werden, wozu es der Schöpfer bestimmt hat. Ich meine, das bewahre auch den Frauen ihren schönsten Schmuck: die Weiblichkeit …« (Dora)

»… Das Leben besteht aus sehr vielen großen und kleinen Kleinigkeiten. Mit dem eigenen Herd und Haus werden nun auch bei Dir einige noch unbekannte Sorgen sich einstellen. Die wollen wir dann teilen und miteinander tragen und miteinander auf den Herrn werfen. Und dann wollen wir nicht für die Zukunft unser Herz mit irdischen Gedanken beschweren, sondern nach der Regel einhergehen, die der Herr uns gibt: Sorget nicht für den andern Morgen; denn es ist genug, dass ein jeder Tag seine eigene Plage habe …« (Heinrich)

»… Wenn ich einmal bei Dir bin, Geliebter, dann werde ich Dich vieles fragen, was mir oft Not macht. Überhaupt hoffe ich, bei Dir zu lernen. Du musst nie mehr so reden, als ob Du bei mir etwas zu lernen hättest; das könnte nicht sein. Wenn ich einige Gaben empfangen habe, so wird es mir eine Wonne sein, Dir damit dienen zu können, und zusammen wollen wir streben, dass alles, alles, was wir sind und haben, dem Dienst des Herrn möge geweiht sein …« (Dora)

»… Wenn ich diesen Herbst sehe, dass meine Haupttätigkeit die Schule sein soll und nicht die Predigt, so werde ich mich mehr damit beschäftigen und mich bestreben, unsere Schule zur besten in der Stadt zu machen. Ich bin nicht der Meinung, dass ein Missionar bald seinen Posten verlassen soll. Er muss arbeiten, wo und wie er kann, bis er vom Herrn ganz deutliche Winke hat, dass er an einen andern Ort gehen soll …« (Heinrich)

»… Denke bei irgendeinem Wechsel in Deinem äußeren Lebensgang nie an mich und meine Bequemlichkeit! Ich vereine mein Gebet mit dem Deinen, dass der Herr Dir in jedem Fall einen deutlichen Wink geben möge. Denk nicht an mich dabei; denn ich liebe nicht Deine Stellung, noch Dein Amt, sondern gerade – Dich …« (Dora)

Zu den schönsten Briefen, die Dora erhielt, gehörte wohl der: »… Eben hat mir die Post die beglückende Nachricht gebracht, dass ich in die Schweiz reisen kann. Ich danke dem Komitee, das mir den Urlaub gibt, und meiner geliebten Mutter, die mir das Reisegeld sendet. Im Haus meiner Mutter auf Iben Dich zu treffen und die ersten Tage des Beisammenseins zu verbringen, ist ein wunderschönes Geschenk unsers Herrn …«

Bis es zu ihrer ersten Begegnung als Verlobte kam, erlebte Dora noch manch interessantes Zusammentreffen mit Menschen zwischen Isycoed und Schaffhausen.

Die schönste für sie auf englischem Boden war Romsey, wo Dora unter anderem Tom Rogers wiedersah. Der junge Mann, ihr ehemaliger Sonntagsschüler, hatte sich in den zurückliegenden Jahren sehr zum Positiven verändert. Doras Saat des Evangeliums war aufgegangen. Tom lebte sein neues Leben als Christ sehr überzeugend. Das sagte ihr auch sein Pfarrer, wobei er aber sofort einschränkte, der junge Mann habe sich zu seinem Leidwesen den »Dissenters«* angeschlossen. Dort sei es ihm nach seinen eigenen Worten wohler als in den schönen

* freie Gemeinschaften, die kritisch zur anglikanischen Amtskirche und der Monarchie standen, sich aber der anglikanischen Glaubensgemeinschaft zugehörig fühlten

Gottesdiensten der anglikanischen Abtei. Außerdem lese Tom Rogers mit großer Leidenschaft die Schriften des jungen, selbst ernannten freikirchlichen Predigers Charles Haddon Spurgeon. Ob das gut sei, müsse sich erst noch erweisen.

»Warum sollte das für Tom denn zum Schaden sein?«, musste Dora denken, hatte sie doch selbst immer wieder das Verlangen gespürt, sich der besonders warmen, gläubigen Atmosphäre der freikirchlichen Kreise anzuvertrauen. Leider war ihr das auch bei dem diesjährigen England-Besuch als Tochter des Bischofs versagt geblieben. Von dem Prediger Spurgeon hatte sie bisher nur Gutes gehört. Ein Verkündiger, der seine Botschaft auf die Erkenntnis der vier Worte gründete: »Jesus starb für mich«, der konnte eigentlich nicht verkehrt liegen.

Die interessanteste Station der reisenden Eltern Gobat mit ihren drei Töchtern und zwei Söhnen war Köln am Rhein, wo sie Prinzessin Marianne der Niederlande trafen. Die geschiedene und wohl auch deshalb unglückliche Frau suchte bei Bischof Gobat Rat für ihren heißen Wunsch, noch einmal zu heiraten. Der von ihr gewünschte Rat wurde ihr allerdings nicht gegeben, denn nach der festen Überzeugung des geistlichen Mannes widersprach die Wiederverheiratung eines geschiedenen Ehegatten den Geboten Christi. Er konnte der adeligen Frau in ihrer Not also nicht helfen. Dennoch durfte er mit seiner Familie in einem Kölner Hotel fürstliche Gastfreundschaft genießen.

Dora fühlte später noch lange die herzliche Umarmung der unglücklichen Frau. Ihre Worte blieben lange in ihrem Gedächtnis, wohl deshalb, weil sie sie in ihrer Nachbemerkung für sich selbst nie und nimmer akzeptieren wollte: »Der Herr mache dich recht glücklich, mein Bräutchen; aber die Ehe ist immer eine Lotterie.« Nein, Ehe als Lotterie, das wäre ja schlimm, das konnte doch wohl nicht sein, in ihrem eigenen Fall mit Sicherheit nicht!

Eine besondere Station war auch die Begegnung mit dem ehemaligen Indien-Missionar Hebich in Stuttgart, einem Freund der Familie Rappard, der die Braut des Pilgermissionars Heinrich Rappard unbedingt kennen lernen wollte. Dora war vorgewarnt worden, der alte Herr sei ein sehr origineller Mensch. Er habe bereits seine Zweifel angemeldet, ob das denn ginge, dass sich ein Chrischona-Bruder und Missionar mit einer anglikanischen Bischofstocher zusammentäte. Das sei doch wohl ein Unding und könne nie und nimmer gut gehen.

»So siehscht also aus«, begrüßte der alte Herr die junge Braut in seiner rauen schwäbischen Art, nachdem er ihr mehr gestisch als mit Worten in seiner Stube einen Platz angeboten hatte. »Und du densch, du kasch Bruder Carl Heinrich Rappard glücklich mache?«

Dora zuckte bei dieser plumpen Du-Anrede und dem schwäbischen Dialekt ein wenig zusammen, eine leichte Röte huschte über ihr Gesicht. »Sie können versichert sein, es ist mein innerstes Bestreben, Heinrich Rappard glücklich zu machen«, antwortete sie leise mit niedergeschlagenen Augen.

»Wie ich höre, bist du in einem streng anglikanischen Bischofshaus aufgewachsen. Herrschte dort nicht ein gewisser Luxus und dazu kalte englische Tradition?«, fragte Missionar Hebich weiter und bemühte sich jetzt, hochdeutsch zu reden.

Auf den ersten Teil der Frage ging Dora gar nicht ein. Sie beantwortete nur den zweiten: »In unserem Jerusalemer Bischofshaus herrschte die Liebe, die aus dem Glauben an Jesus Christus kommt.«

»Und diese Liebe reicht aus, um eine untertänige Gehilfin eines Missionars in einfachen und kargen Verhältnissen in einem muslimischen Land zu werden?«

»Was sollen nur diese merkwürdigen Fragen?«, ging es der jungen Frau durch den Sinn. »Was will der Mann damit erreichen? Will er mir meine Aufgaben als Frau und Gehilfin eines Mannes Gottes verleiden? Zweifelt er an mir, weil ich aus der

Familie eines gebildeten und gelehrten Mannes komme, der freilich durch sein Amt in einem gewissen Luxus lebte?«

Nach einem Moment des Nachdenkens blickte Dora nun doch auf, sah ihrem Gegenüber ins Gesicht und antwortete sehr weise und in Gedanken an einen ihrer Briefwechsel: »Heinrich und ich sind uns einig, wie wir beide unsere Beziehung und unsere Stellung zueinander zu leben haben. Wir kennen die biblischen Vorgaben für das Miteinander von Mann und Frau, und wir sind uns einig darin, danach zu leben.«

»Nun gut«, wechselte der alte Herr das Thema. »Du kommst gerade von England. Ich habe hier einen Brief, den ich nicht entziffern kann. Kannst du es vielleicht? Schau ihn dir an!«

Dora nahm den Brief, überflog den englischen Text kurz und gab ihn dann mühelos in fließendem Deutsch wieder.

»Nicht schlecht«, staunte der alte Junggeselle und reichte der Übersetzerin einen Teller mit Äpfeln. »Es mag doch nicht so übel sein, eine gebildete Frau zu bekommen.«

»Auch eine gebildete Frau vermag ihrem lieben Gemahl eine untertänige Gehilfin zu sein. Vielleicht kann sie es sogar noch besser als eine ungebildete«, erwiderte Dora und nahm sich eine Frucht und ein Schälmesser. »Darf ich Ihnen auch einen Apfel schälen?«

»Wennsch so freundlich sein willsch.«

»Freundlichkeit sollte eine der selbstverständlichen Tugenden der Ehefrau eines Missionars sein«, entgegnete Dora. »In seinem Haus gehen viele unterschiedliche Menschen aus und ein. Sie sollen alle freundlich behandelt werden, auch von der Hausfrau.«

War es jetzt genug der Prüfung? Nein, offenbar noch nicht, denn der Gastgeber betrachtete aufmerksam die auf den Teller gelegten Apfelschalen.

»Na, habe ich recht geschält?«, konnte Dora sich die Frage nicht verkneifen.

Als Antwort ließ der alte Schwabe doch tatsächlich ein

typisch landesübliches Lob heraus: »Nicht übel, doch nicht so unpraktisch.«

Damit war die Prüfung wohl abgeschlossen und die Braut akzeptiert. Im Gespräch folgten nur noch ein paar eher belanglose Bemerkungen hin und her, ehe Missionar Hebich sich erhob. Er sprach noch ein Gebet für die junge Frau und den künftigen Ehemann, reichte Dora die Hand und bemerkte zum Abschied wieder in breitestem Schwäbisch: »Du kriegscht e liebe Ma; jetzt musch au recht lieb sei.«

Eine ganze Weile danach war Dora noch mit dem Gespräch mit dem alten Freund ihres geliebten Heinrich beschäftigt. Natürlich schrieb sie ihm davon. »... Wenn ich an Dich denke, so verschwinden alle Nebel, die das Gespräch mit Hebich in meiner Seele geweckt hatte. Ich verstehe so gut, was mit Herzensdemut, Einfalt und Niedrigkeit gemeint ist; nur wenn man äußere Dinge zum Maßstab nimmt, weiß ich nicht genau, wo die Linie zu ziehen ist. Traue mir, dass ich eine einfache Einrichtung viel lieber habe als Luxus! Übrigens sage ich meinem Heiland meine Angst, meinen Unverstand, meinen Wunsch, ihm wohlzugefallen, und das gibt Mut und Kraft ...«

Dem alten Kämpfer für das Reich Gottes wäre es doch beinahe gelungen, die junge Braut in ihrer Entscheidung für ihren Liebsten unsicher zu machen. Gottlob, nur beinahe ...

Die am meisten ersehnte Reisestation war Gut Iben bei Schaffhausen, die Heimat ihres geliebten Heinrich. Ende August erreichte Dora diesen Ort, den sie nur unter großen Hemmungen allein betreten konnte. Zum Glück kam sie zusammen mit ihrem künftigen Schwager Wilhelm Arnold, der auf seiner Reise von Holland her die Braut auf der letzten Strecke in die Schweiz begleitet hatte. So kannte sie wenigstens schon eine Person an diesem für sie neuen Ort. Ihre künftige Schwiegermutter Marie Rappard-de Rham sorgte jedoch selbst dafür, dass ihr das Gut nicht lange fremd blieb, und Heinrichs

Geschwister gaben ihr auch das Gefühl, dass sie willkommen war. Bald waren sie alle von der weltgewandten, adretten fünfundzwanzigjährigen Bischofstochter eingenommen und machten ihr das Einleben in ihrer neuen Familie leicht.

Dora machte es ihnen nicht schwer, auch weil sie bereit war, auf dem Gut nach Vermögen Hand anzulegen, weil sie in freien Stunden und an den Feierabenden interessiert zuhörte, um die Geschichte des großen Familienverbandes Rappard zu erfahren, während sie bei anderer Gelegenheit ihrerseits wortgewandt und dennoch bescheiden von sich selbst redete und aus ihrem abwechslungsreichen Leben berichtete. Auf diese Weise vergingen die Tage bis zur Ankunft des geliebten Heinrich auf dem Bahnhof von Schaffhausen doch schneller, als Dora befürchtet hatte.

Dann endlich kam Ende September der heiß ersehnte und wunderbare Tag, an dem sich Braut und Bräutigam zum ersten Mal in den Armen lagen. Wie hoch schlugen da die Herzen, wie schnell ging der Puls, wie warm durchströmte die Wonne dieses Augenblicks zwei Menschen, die sich seit Monaten nicht gesehen hatten und doch füreinander bestimmt wussten und die sich in dieser Weise noch nie begegnet waren ...

In den Herzen der beiden glücklichen Menschen mochte es klingen, wie es Dora bei ihrem letzten Abschied von Jerusalem gesungen hatte. Selbstverständlich hatte sie ihrem Heinrich diesen Text schon damals zugeschickt:

»O nimm ihn an, den armen schwachen Dank,
den dir mein Herze bringt!
O höre, Herr, den frohen Lobgesang,
der in der Brust mir klingt!
Noch kann ich's kaum verstehen, was deine Liebe tut;
eins kann ich herrlich sehen: Du bist unendlich gut.«

Ja, Gott war unendlich gut und hatte die Wege der beiden Verlobten dank der Großzügigkeit von Heinrichs Mutter Marie und der des Komitees der Pilgermission von St. Chrischona schon so rechtzeitig zusammengeführt, dass in den acht Wochen bis zur Hochzeit noch viel Zeit blieb, sich nun auch wirklich kennen zu lernen und zu prüfen, ob das Bild, das der eine sich vom anderen aufgrund der vielen Briefe gemacht hatte, wenigstens annähernd der Wirklichkeit entsprach. Besuchsreisen zu den Verwandten der beiden Familien Gobat und Rappard bzw. Zeller und de Rham im Badischen, Württembergischen und in der Schweiz brachten Braut und Bräutigam einander näher und festigten die Gewissheit ihrer gemeinsamen Bestimmung, wohin ihr Weg sie später auch immer führen mochte.

Für Heinrich waren mit seinem Heimaturlaub auch Aufgaben und Dienste verbunden, die ihm die Missionsleitung aufgetragen hatte und die er allein erledigte. Zudem machten die schweizerischen Behörden bei der Beschaffung der nötigen Heiratspapiere Schwierigkeiten. Der Bräutigam musste sich persönlich um die Dinge kümmern. Die Rappards waren ja erst vor ein paar Jahren in die Schweiz eingebürgert worden. Und nun wollte ein Schweizer Neubürger eine schweizerische Urbürgerin heiraten und das auch noch auf badischem Gebiet und nach anglikanischem Ritus! Ob das alles genehmigt werden konnte, musste zunächst genauestens geprüft werden.

In diesen Wochen waren die beiden Liebenden also leider auch immer wieder getrennt. Dora fand dann liebe Gastgeber, die sie über die Tage der Trennung von ihrem Heinrich hinwegtrösteten. Die beiden schrieben sich auch wieder Briefe. Hier im badisch-schweizerischen Grenzgebiet brauchte die Post ja nicht so lange wie zwischen Alexandria und Europa.

Als die Schwierigkeiten mit den Behörden endlich geklärt waren, freute sich die Braut, dass »… nun wirklich kein Pfarrer und kein Laie, kein Berner und kein Thurgauer etwas gegen unsre Eheschließung einwenden kann«. Herrlich und Gott sei Dank!

Am 24. Oktober schrieb Dora ihren letzten Brief als Braut:

»… Oh, ich muss nur loben und preisen, besonders auch danken für den reichen geistlichen Segen, den mir diese jüngstverflossenen Monate gebracht! Sieh, ich möchte keinen Tag und keine Stunde unserer Brautzeit anders haben; es war so selig, so fröhlich, so still und so lieb! Wie wird wohl die Zeit sein von der Hochzeit an bis zum Lebensende? Ich hoffe, diese letzten Monate seien ein Schatten der Zukunft.«

Diese Zeit nahm am 28. November 1867 in der Kapelle des altehrwürdigen Schlosses Beuggen ihren feierlichen Anfang. Bischof Samuel Gobat, inzwischen achtundsechzig Jahre alt, leitete persönlich den Gottesdienst. Er zelebrierte die Trauung im schönen Bischofsornat, hielt eine bewegende Ansprache zum Trautext aus Psalm 119,76 – »Deine Gnade müsse mein Trost sein, wie du deinem Knecht zugesaget hast« –, betete um gnädige Führung und Bewahrung und um reiche Ausrüstung mit dem jeweils Nötigen für das gemeinsame Leben der Eheleute Rappard und fügte dann die beiden Leben zu einem zusammen: »… for better – for worse; for richer – for poorer; in sickness and in health – till death us do part.« »… in Freud und Leid; im Guten und Bösen; in Krankheit und Gesundheit, bis der Tod uns scheidet.« Schließlich sprach er seinen Kindern den Segen Gottes zu. Dabei zitterte dem gestandenen und weltgewandten Mann doch tatsächlich die Stimme, und die Augen wurden ihm feucht.

Eine große Gemeinde und illustre Gesellschaft aus der zahlreichen Verwandtschaft der beiden Familien und aus vielen Freunden von nah und fern wurde Zeuge des feierlichen und doch so fröhlichen Eheversprechens zweier Menschen, die an diesem Tag nur glücklich und dankbar waren.

Nach wenigen »Flittertagen« im Schloss Beuggen rüsteten die jungen Eheleute zur Reise nach Alexandria, wo eine große Hausgemeinschaft längst auf die Heimkehr ihres Leiters und seiner Gattin, der lang ersehnten ersten Hausmutter des Schul-

und Missionshauses, wartete. Zunächst gab es aber für die beiden noch einen Ausflug hinauf nach St. Chrischona an den Ort der allerersten Begegnung. Begleitet wurden Dora und Heinrich von zwei anderen glücklichen Menschen: Doras Schwester Maria hatte sich am Vorabend ihres dreiundzwanzigsten Geburtstags im September auf Schloss Beuggen mit Paul Kober verlobt, dem sie bereits in Jerusalem begegnet war und der in Basel eine Ausbildung zum Buchhändler machte, um später dort als Teilhaber in den Verlag einzusteigen, den der Gründer des Chrischona-Werkes eingerichtet hatte.

Dass an diesem Dezembertag nicht die Sonne schien, wie an jenem letzten Septembersonntag vor fünf Jahren, störte die vier Menschen nicht. Ihnen schien eine ganz andere Sonne. Dass es keine Aussicht auf die Firste der Alpen gab, beeinträchtigte ihre Freude auch nicht. Ihre Herzen waren mit ganz anderen Aussichten beschäftigt, mit Aussichten auf erfüllte Lebenswege mit Arbeit für den Herrn und Heiland, den sie alle liebten und dem jeder an seinem Platz mit seinen Gaben gerne dienen wollte.

Vier fröhliche Menschen kamen später von ihrer Bergwanderung zurück, um bei ihren Freunden Bischoff in Riehen mit großer Heiterkeit begrüßt zu werden. Irgendetwas musste sich in der Zwischenzeit ereignet haben, was Anlass gab, sich immer wieder köstlich zu amüsieren.

»Was ist eigentlich los? Lasst uns doch endlich Anteil nehmen am Grund eurer Heiterkeit«, forderte Dora, als die Gesellschaft um den Tisch in der guten Stube versammelt war.

»Ihr beiden habt uns Wichtiges verheimlicht«, antwortete ihr Pate mit gespieltem Ernst. »So eine Art hätten wir nicht bei euch gesucht.«

»Wer sind denn ›ihr beide‹?«, fragte Heinrich, »Dora und ich? Maria und ihr Paul? Wir beiden Männer oder unsere beiden Frauen?«

»Die beiden Frauen sind natürlich wieder die Bösen«, fing jemand endlich an zu erzählen.

»Was haben wir denn ausgeheckt, Dora und ich?«, fragte Maria.

»Dass ihr beide, du, Dora, vor deiner Hochzeit, und du, Maria, vor deiner Verlobung noch rasch katholisch geworden seid und euren bischöflichen Vater und eure Männer und die ganze Verwandtschaft hinters Licht geführt habt, ist schon eine schlimme Geschichte.« Hanna Bischoff machte bei diesen Worten ein sehr bedenkliches Gesicht. Die anderen in der Runde konnten erneutes Lachen kaum unterdrücken.

»Was redest du da für einen Unsinn, Hanna?«, kam es fast gleichzeitig von den beiden jungen Frauen.

»Aber das ist ja noch nicht alles«, fuhr die Riehener Freundin fort. Zu Heinrich und Paul gewandt sagte sie: »Eure Frauen stehen euch gar nicht zu, die sind nämlich gar nicht hier. Die sind nämlich ...«

»Ja wo sind wir denn, wenn wir gar nicht hier sind?«, wurden Dora und Maria nun doch ungeduldig.

»Im Kloster, ihr Lieben, im Kloster. Nönnchen seid ihr und überhaupt nicht mehr berechtigt, Männer zu haben«, klärte Hanna endlich auf.

»Wir beide katholisch und im Kloster? Wer sagt denn so etwas?« Die beiden Gobat-Schwestern waren verblüfft.

»Es steht in der Zeitung«, bemerkte Frau Bischoff trocken, zog eine Kölner Gazette hervor und legte sie aufgeschlagen auf den Tisch. Sofort beugten sich die beiden Paare über den Artikel, der die Ursache für die Heiterkeit im bischoffschen Haus war. Da stand es tatsächlich schwarz auf weiß, dass die beiden Töchter des englischen Bischofs von Jerusalem katholisch geworden und in ein Kloster eingetreten seien.

»Das sollte euch so passen, Maria und ich im Kloster«, musste Dora lachen und schmiegte sich dabei an ihren Mann.

Der nahm seine Frau fest in den Arm und drückte sie an sich:

»Wie schön, dass das eine Falschmeldung ist und dass ich dich nicht aus einer Zelle befreien musste, wie weiland Martin Luther seine Katharina.«

»Nun denn, aber du warst ja auch kein Mönch, der mich hätte befreien müssen«, gab Dora zärtlich zurück.

»Na, meine Liebe, so weit entfernt vom mönchischen Leben ist das der Brüder auf dem Berg nicht«, antwortete Heinrich. »Sie befinden sich in einem ›claustrum‹. Solange sie dort oben sind, müssen sie sich jeglicher Beziehung zum weiblichen Geschlecht enthalten, also quasi zölibatär leben. Später sollen sie möglichst bald heiraten, damit ihre Station und Arbeit auch eine Hausfrau und Gehilfin habe. Selbst dazu brauchen sie dann aber immer noch die Zustimmung der geistlichen Vorgesetzten für die Auserwählte ihres Herzens.«

»Ein Glück, dass du diese Zustimmung bekommen hast, nachdem der alte Bruder Hebich das Examen durchgeführt hatte«, freute sich Dora und musste der Versammlung natürlich diese Geschichte erst einmal erzählen.

»Ja, ja, der liebe alte Bruder und Freund«, lachte Heinrich. »Selbst hat er nie eine Frau haben wollen, aber um meine Zukünftige war er sehr besorgt. Damit ich ja keinen Fehlgriff täte, wo es doch zwischen uns einen erheblichen Standesunterschied gebe und wir zudem kaum Gelegenheit hätten, uns kennen zu lernen.«

»Gut, dass das bei uns beiden ein wenig anders geht«, stellte Paul Kober dankbar fest. »Ich bin doch sehr froh, dass Maria und ich zum Heiraten keinen Examinator brauchen und auch keine geweihte Genehmigung.«

»Und ich bin froh, dass Onkel Reinhard unsere Verbindung bereits gesegnet hat«, fügte Maria hinzu und dachte dabei an den Bruder ihrer Mutter, der die Anstalt Beuggen nun leitete. Dann lachte sie: »Stellt euch mich im Nonnengewand vor! Wie bin ich dankbar, dass ich in Freiheit lebe und eines Tages gleich unter die richtige Haube komme!« Sie zögerte ein wenig, um dann traurig anzufügen: »Leider erst in anderthalb Jahren. Paul muss in England erst noch die anglikanische Trauformel lernen.«

»Ja, leider ist das so, ihr lieben Freunde«, bestätigte der angehende Buchhändler. »Ich hoffe, wenn ich zurückkomme, sind wir alle wieder so fröhlich beieinander wie in diesen Tagen.«

»Übrigens fällt mir gerade ein, wen der Zeitungsschreiber meinen kann«, glaubte Maria des Rätsels Lösung zu kennen. »Unsere alte Jugendfreundin Lydia Sandreczki muss gemeint sein. Die ist allerdings nicht Bischofstochter, aber Tochter eines Missionars.«

»Richtig«, fiel Dora ein, »so muss es sein. Lydia ist zum großen Leidwesen ihrer Eltern konvertiert und ins Kloster gegangen. Sie hätte ja auch Diakonisse werden können. Aber der Protestantismus war ihr schon immer unverständlich und zu freiheitlich. Sie brauchte enge Bindungen und ...«

»... den Schutz von Klostermauern. Ob sie da glücklich ist, scheint mir eine berechtigte Frage«, ergänzte Heinrich. »Jetzt, ihr Lieben, müssen wir leider an den Abschied denken. Beten und singen wir noch? Wer weiß, wann wir wieder so fröhlich beieinander sind.«

Der Hausherr schlug vor, ein paar Strophen des schönen Liedes von der »Gnade« des schwäbischen Dichterpfarrers Phillip Friedrich Hiller zu singen. Und so klang es vor dem Abschlussgebet wunderbar mehrstimmig: »Die Gnade sei mit allen, die Gnade unsers Herrn ...«

Auf dem Reiseweg nach Alexandria machten Dora und Heinrich noch einen kurzen Halt in Basel, um dort den greisen fünfundachtzigjährigen, im Sterben liegenden Christian Friedrich Spittler zu begrüßen und auch seinen Segen nach Ägypten mitzunehmen. Dann ging es um diese Begegnung bereichert weiter nach Genf, wo sie noch einen kurzen Aufenthalt bei Madame Fazy einlegten, der Freundin von Doras Mutter, bei der Hanna und Dora als Mädchen so schöne Wochen verlebt hatten.

Später in Marseille am Mittelmeer trafen die beiden jungen Rappards wieder mit Doras Familie zusammen, um die Überfahrt nach Alexandria gemeinsam zu erleben. Schade, dass das stürmische Wetter diese gemeinsamen Tage mit der Familie sehr beeinträchtigte. Nun denn, das Meer war halt unberechenbar.

Am 14. Dezember erreichte das Schiff den Hafen von Alexandria in Ägypten, dem Ort der ersten gemeinsamen Lebensstation von Dora und Heinrich. Der Abschied von den Eltern und von Maria und Blandina tat Dora weh, aber die Nähe des geliebten Mannes und die Erwartung der neuen Aufgaben als seine Gefährtin trösteten sie über den Trennungsschmerz hinweg. Die »St. Matthäus-Station« wartete! Also, nach einem letzten Winken hinauf zu den Lieben an der Reling hinein in die Droschke und dem Ziel zu ...

Dort im Schul- und Missionshaus wartete eine große Tafelrunde aus Schülern und Lehrern und einigen Freunden auf die erste Hausmutter der Einrichtung, angeführt von Johannes Bauder, Heinrichs Freund und Kollegen in der Arbeit hier. Der äyptische Koch hatte für die etwa zwanzig Personen ein wunderbares Essen vorbereitet, gerade richtig für eine fröhliche Begrüßungsfeier, in der die neue Hausfrau durch ihre freundliche und offene Art rasch die Herzen der Mitbewohner gewann.

Bereits am nächsten Tag begann für Dora Rappard der Ernst ihres neuen Lebens. Die große Hausgemeinschaft sollte umsorgt werden wie eine große Kinderschar von ihrer Mutter. Wie gut, dass jeder ihr an seiner Stelle die ungewohnte Arbeit erleichterte. Ihre praktische Erfahrung in der verantwortlichen Führung eines Haushaltes war bisher sehr gering. Aber mit Gottes Beistand, mit der Liebe und der tatkräftigen Hilfe ihres Mannes und dem Verständnis und der Unterstützung der anvertrauten Hausgemeinschaft wuchs bald eine warme und herzliche Atmosphäre. Doras menschliche und geistliche Art, auf die ihr anvertrauten Menschen zuzugehen und mit ihnen umzugehen, ließ sie die Herzen auch fremder Menschen gewinnen. Auch das Herz von Richard, einem jungen Mann aus Schottland, der als Kostgänger im Haus lebte.

Bereits bei der ersten Begegnung hatte Dora festgestellt, dass Richard ein kranker Mann war, und sie kümmerte sich ein wenig mehr um ihn, als es eigentlich ihre Aufgabe war. Hier sprach ihr mütterliches Herz, das die äußere und innere Not eines Menschen wohl früher erkannte als andere.

»Es geht Ihnen nicht gut, Richard«, sprach sie ihn eines Abends an. »Sie sollten zu Bett gehen.«

»Ich sollte vielleicht«, gab der junge Mann zu, »aber ich möchte noch die Andacht Ihres Mannes hören.«

»Die können wir in Ihrem Zimmer halten, Richard«, schlug Dora vor, »ich bespreche das mit meinem Mann. Legen Sie sich getrost ins Bett. Das ist besser für Sie.«

Der schottische Hausgast war sichtlich froh über diesen Vorschlag, der dann auch ausgeführt wurde. Heinrich Rappard las im dicht gefüllten Krankenzimmer das siebzehnte Kapitel des Johannesevangeliums, gab einige Gedanken dazu weiter und betete dann besonders für den schottischen Gast, dass Jesus ihm wohltun möge.

Später in der Nacht wurde Dora von einer inneren Unruhe geweckt und aufgefordert, Richard aufzusuchen. Sie fand ihn in sehr schwachem Zustand in seinen Kissen sitzen. »Das war ein gutes Wort, Mrs. Rappard«, sagte er mit fast gebrochener Stimme.

»Welches meinen Sie, Richard?«, fragte sie und wischte ihm dabei liebevoll den Schweiß von der Stirn.

»Das von der Herrlichkeit, die seine Leute sehen sollen«, gab er leise zurück.

Dora schlug die Bibel auf und las den 24. Vers aus dem gehörten Kapitel: »Vater, ich will, dass wo ich bin, auch die bei mir seien, die du mir gegeben hast, dass sie meine Herrlichkeit sehen, die du mir gegeben hast.«

»Gottlob, dass das so ist«, bestätigte Richard mit matter Stimme und dankte Gott und den Menschen noch einmal für alle Wohltaten, die er in seinem kurzen Leben bisher empfangen hatte. Nach einer Weile sagte die Hausmutter zu ihm: »Ich muss jetzt wieder gehen, lieber Richard, aber der Herr Jesus bleibt bei Ihnen.«

Da ging ein Strahlen über sein Gesicht, und er sagte: »Es ist der Mühe wert, die ganze Nacht wach zu bleiben, um Jesus so nahe zu haben.«

Das waren die letzten Worte, die ein Mensch aus dem Mund des Mannes hörte. Am Morgen fanden Rappards ihn tot in seinem Bett. Er war inzwischen in der Herrlichkeit angekommen, wo Jesus seine Leute haben wollte, und die Hausmutter dankte ihrem Herrn für die nächtliche Unruhe, durch die sie dem Mann noch ein wenig Hilfe hatte sein können.

Eigentlich war es schade, sehr schade sogar, dass Heinrichs und Doras Zeit auf der ersten Station der »Apostelstraße« schon nach vier Monaten zu Ende ging und sie die lieb gewordene Hausgemeinschaft und die gut in Gang gekommene Arbeit bereits wieder verlassen mussten. Die deutsch-schweizerische Kolonie in Kairo hatte den Missionar und Prediger bei seinen früheren gelegentlichen Diensten kennen und schätzen gelernt. Sie wollte ihn gerne mit seiner ganzen Arbeitskraft in Kairo haben und hatte deshalb das Komitee der Pilgermission gebeten, Heinrich Rappard als ihren Prediger und Seelsorger auf die verwaiste zweite Station der »Apostelstraße«, nach »St. Markus«, zu entsenden. Da die Arbeit in Alexandria in den Händen von Johannes Bauder bestens aufgehoben war, hatte die Missionsleitung auf St. Chrischona der dringenden Bitte aus der ägyptischen Hauptstadt zugestimmt.

Selbstverständlich akzeptierten die beiden Rappards diese

Entscheidung, sahen sie doch darin den Willen Gottes, dem sie vorbehaltlos gehorchen wollten. Sie zogen um. In Kairo erwartete sie allerdings ein Missionsgebäude, dessen sich die Station »St. Markus« eigentlich schämen musste. Der einzige Vorteil des Hauses war der wunderschöne hohe Saal, in dem Heinrich schon häufig gepredigt hatte und der sehr gut für größere Versammlungen geeignet war. Die Wohnräume aber waren in solch einem schlechten Zustand, dass die Eheleute am liebsten auf den Einzug in dieses Gebäude verzichtet hätten. Aber hatten sie beide nicht einmal davon gesprochen, dass ihnen Luxus nichts bedeuten sollte, wenn die Arbeit auch in schlichten Verhältnissen getan werden konnte? Das Haus hatte einen Versammlungsraum. Das war wichtig. Den Wohnraum konnte man sich nach und nach so gestalten, dass er dem eigenen Geschmack wenigstens näher kam.

Eine Schlange sorgte dann dafür, dass sich die Bedingungen schneller änderten als erwartet. Dieses Tier fiel doch tatsächlich während einer Mahlzeit durch ein Loch in der Decke mitten auf den Esstisch. Dora tat einen Schrei, der wohl bis auf den Hof und die Straße zu hören war. Das konnte doch nicht wahr sein: eine Schlange auf dem Esstisch! Blitzartig schoss ihr die Erinnerung an den Basilisken durch den Kopf, der damals im Sommerlager in Lifta vor den Toren Jerusalems die Finken gefressen hatte. Wenn dieses Tier hier nun gefährlich war …

Zum Glück griff eine moslemische Bedienstete sehr schnell das Tier, das von seinem Absturz wohl ein wenig benommen war. Sie hielt es mit einem geschickten Griff hinter dem Kopf und trug es nach draußen. Solche kleinen Hausschlangen seien allerdings selten gefährlich, erklärte sie beim Hinausgehen.

Der Vermieter des Hauses hatte dann ein Einsehen, dass solche Wohnverhältnisse den Europäern nicht zuzumuten seien, und schickte alsbald eine Baukolonne, die in wenigen Tagen alle Schäden im Haus beseitigte und die Wohnlichkeit um ein Vielfaches erhöhte. Bald darauf hatten Dora und Heinrich sich ihr zweites Heim so eingerichtet, dass sie selbst sich darin wohl fühlten und dass Gemeindeglieder und andere Gäste sich ebenso wohl fühlen konnten.

Arbeit gab es in Kairo für beide Rappards in Hülle und Fülle. Für Heinrich galt es, die vernachlässigte Gemeinde zu sammeln und sie im Glauben neu auszurichten und zu festigen. Dazu sollte auch die Schule wieder belebt werden. Hier fand auch Dora eine ihrer Aufgaben. Die Erfahrungen aus der Arbeit in der Zionsschule kamen ihr dabei zugute.

Da die Hausgemeinschaft am neuen Ort wesentlich kleiner war als die in Alexandria, blieb der Hausmutter viel Zeit für missionarische und seelsorgerliche Dienste unter den Frauen der Gemeinde und auch unter moslemischen Frauen, die ihr Leben in Harems fristen mussten. Es grenzte schon an ein Wunder, dass sich der jungen Frau hier bis in höchste Kreise die Türen öffneten. Welch eine Möglichkeit, die Liebe Jesu zu den Frauen zu bringen und Seelsorge unter ihnen zu leisten!

Kairo brachte den jungen Eheleuten auch ihr erstes Kind, zwar kein leibliches, aber einen Pflegesohn. Bei ihrem Einzug in »St. Markus« hatten die beiden einen schwarzen Jungen vorgefunden, der in seiner weit im Süden liegenden afrikanischen Heimat auf wunderbare Weise vor der drohenden Sklaverei bewahrt und von den Pilgermissionaren der »St. Thomas«-Station in Khartum nach Kairo gebracht worden war. Hier arbeitete der kleine Kerl als Knecht und Dienstbote. War er schon zwölf Jahre oder noch jünger? Er wusste es selbst nicht.

»Das mag ich nicht länger mit ansehen, Heinrich«, sagte Dora, als sie an einem der ersten Abende im neuen Haus mit ihrem Mann zusammensaß.

»Was magst du nicht länger mit ansehen, mein Liebes?«, fragte er. »Vielleicht können wir es abstellen.«

»Unser schwarzer Samuel soll nicht länger unser Diener sein. Dem Jungen fehlen Eltern, die ihm Liebe entgegenbringen. Und er sollte in die Schule gehen. Er braucht Bildung. Der arme Kerl tut mir Leid. Ich möchte ihm helfen.«

»Und wie denkst du, dass du ihm helfen kannst?«

»Können wir Samuel nicht als Pflegesohn zu uns nehmen? Wir könnten ihm Eltern sein, bis er eines Tages auf eigenen Füßen stehen kann.«

»Hier spricht wieder das Herz der mütterlichen Frau, meine liebe Dora. Welches Geschenk hat Gott mir mit dir gegeben!« Heinrich ergriff ihre Hände, drückte sie liebevoll und schaute ihr dabei in ihre hellen Augen. »Du hast Recht, Liebes. Ich sorge gleich morgen früh dafür, dass Samuel mit seinen wenigen Habseligkeiten zu uns in die Wohnung kommt und dann auch die Schule besucht. Dass er sich bei uns zurechtfindet, bezweifle ich nicht. Aber ob er in der Schule …«

»Da will ich dem Jungen gerne helfen, damit er irgendwie den Anschluss findet«, freute Dora sich über Heinrichs Zustimmung. »Aber du hast noch ein kleines Bedenken«, las sie aus seinem Gesicht.

»Durchaus nicht, meine liebste Pflegemutter, oder doch ein ganz Kleines«, gab der Mann zu.

»Und welches ist es, mein Herr Pflegevater?«

»Wenn wir nun irgendwann eigene Kinder haben werden …?«

»Nun denn, mein Schatz, dann werden wir noch glücklicher sein, und der große Samuel wird einen kleinen Bruder oder eine kleine Schwester haben. Ich bin sicher, er wird dann sehr stolz darauf sein.« Dora blickte ihrem Mann noch einmal in die Augen. »Bedenken ausgeräumt?«

»Durchaus. Bedenken ausgeräumt!«, bestätigte Heinrich und gab seiner Frau einen Kuss. »Wenn ich dich nicht hätte, mein Liebstes auf Erden …«

Vom nächsten Tag an gehörte der schwarze Junge vom Weißen Nil nicht mehr zur Dienerschaft der Station, sondern zur Familie des Missionars. Samuel blühte auf, es schien, als sei er in wenigen Tagen um einige Zentimeter gewachsen. Mit seinem sonnigen

Wesen wurde er rasch zum Liebling aller Mitbewohner. Und er wurde bald zum Missionar unter seinen Mitschülern, gerade auch unter den moslemischen. »Habt ihr's gehört, was mein Herr Jesus tun kann?«, wurde zu einem seiner häufigen Sätze, wenn wieder eine spannende biblische Geschichte erzählt worden war.

Berufen nach St. Chrischona

An einem der letzten Maitage des Jahres 1868 fand Samuel seine Mutter, wie er Dora nannte, sehr nachdenklich an ihrem Schreibtisch sitzen, zwei offenbar wichtige Briefe in den Händen. Teilnahmsvoll fragte er in gebrochenem Deutsch: »Du traurig, Mutter? Was machen traurig?«

Dora seufzte leicht auf und schaute den Jungen ein wenig wehmütig an: »Du hast Recht, mein lieber Samuel, ich bin ein wenig traurig. Aber ich darf dir den Grund nicht sagen.«

»Kommt traurig von Post?«, forschte der Junge weiter.

»Ja«, gab die Pflegemutter zu, »aber du darfst mich jetzt bitte nicht weiter fragen.«

Samuel verstand und fragte nicht weiter. Dafür sagte er: »Ich auch traurig.«

Dora sah ihm in sein dunkles Gesicht, das tatsächlich Kummer verriet. »Und warum bist du traurig, Samuel?«

»Kommt von Post von mein Freund Mansur. Konsul ihm geben Freibrief.«

»Das ist ja wunderbar«, freute sich die Mutter. »Dann ist Mansur ja frei und kein Sklave mehr.«

»Aber du mir keinen Freibrief geben. Ich euer Sklave«, kam es jetzt heftig aus ihm heraus. Der Junge war den Tränen nahe.

»Aber nein, Samuel, nein, du bist doch nicht unser Sklave. Du bist doch frei!«, widersprach die Pflegemutter mit großem Nachdruck.

»Doch, ich euer Sklave. Du mir nicht geben Freibrief«, beharrte der Junge. »Du mich immer, immer behalten.«

Dora wandte sich jetzt ganz dem Jungen zu, legte die Briefe auf den Schreibtisch und ergriff seine Hände. »Mein lieber Samuel«, legte sie alle Wärme und Liebe in ihre Stimme, »du bist wirklich nicht unser Sklave. Schau, mein Junge, der Herr Rappard und ich, wir sind deine Eltern, und du bist unser Kind.« Samuel nannte seinen Pflegevater nicht »Vater«, sondern nur »Herr Rappard«.

Mit großen Augen blickte Samuel sie an. »Und du mich wirklich lieben wie dein Kind?«

»Ja, Samuel, ich liebe dich wie mein Kind, und Herr Rappard liebt dich wie sein Kind. Du bist unser Kind, glaub es und freu dich darüber«, versicherte sie noch einmal mit großem Nachdruck.

Samuel aber war noch nicht zufrieden, als ahnte er, was in den Briefen stand, die seiner Pflegemutter Kummer machten. »Und du mich immer als Kind behalten? Mich nie für andere abgeben?«

»Niemals, Samuel«, bekräftige Dora noch einmal und nahm den Jungen in die Arme, »du wirst immer bei uns bleiben, was auch kommen mag, als unser Kind und niemals als ein Sklave. Genügt dir das als Freibrief?«

Jetzt hellte sich das bekümmerte Gesicht des Jungen auf. »Ist genug Freibrief, Mutter. Du immer meine Mutter, Herr Rappard immer mein Vater. Jetzt ich nicht traurig. Jetzt ich Freude!« Samuel löste sich aus der Umarmung, schaute seiner Mutter noch einmal ins Gesicht, diesmal mit strahlenden Augen. »Jetzt du auch nicht traurig«, versuchte er Dora seinerseits aufzumuntern, »jetzt du auch Freude!« Dann sprang er hinaus, leichtfüßig, wie wenn ihm eine große Last von den jungen Schultern genommen wäre.

Auf Doras Schultern allerdings legte sich die Last neu, die ihr die beiden Briefe ins Haus gebracht hatten. Sie begann noch einmal zu lesen, zunächst den Brief, der aus Basel gekommen war und von Jakob Ludwig Jaeger, Spittlers Sekretär und nun Vorsitzender des Komitees, der obersten Leitung von St. Chrischona, unterschrieben war. Sie mochte nicht glauben, was sie dort las. Da war von schweren Prüfungen die Rede, die in den vergangenen Monaten über das Chrischona-Werk hereingebrochen waren. Andeutungen darüber hatten sie und ihr Mann bereits durch andere Post mitbekommen, und Heinrich hatte in einem Brief auch einmal darauf Bezug genommen.

Wenige Monate nach dem Tod des Chrischona-Gründers war Inspektor Völter aus dem Werk ausgeschieden. Er hatte die Ausrichtung der Ausbildungsstätte, die bisher auf dem Boden der Einheit aller Gotteskinder gegründet war, nach streng konfessionellen lutherischen Gesichtspunkten gefordert. Das Komitee hatte dieses Ansinnen nicht akzeptieren wollen, und der Mann hatte die Konsequenz gezogen. Dann war am 26. April der alte Lehrer Kaplan Schlienz gestorben. Und als ob das nicht genug der Nöte gewesen wären, musste wenig später Hausvater Kessler aus gesundheitlichen Gründen einen längeren Urlaub nehmen. Zu all dem drückte das Werk eine große, schier untragbare Schuldenlast, vor allem wegen des afrikanischen Projekts »Apostelstraße«. Wahrlich schwere Prüfungen für das Komitee der verantwortlichen Männer.

Und dann las Dora noch einmal das Unglaubliche dieses Briefes:

»... Wir beugen uns mit zerschlagenen Herzen vor ihm, unsrem heiligen Gott und Herrn, legen uns und das Werk ihm zu Füßen und harren seiner, dass er uns gnädig sei und die Wunden heile. Er soll aber auch die Lücken ausfüllen mit Männern nach seinem Herzen, die sich ihm zum Opfer gebracht haben und daher durch seine Gnade mit ganzer Hingabe ihm leben und dienen wollten. Als einen solchen Mann, der seinem Herrn Jesus dienen will mit dem Vermögen, das er darreicht – und darreicht nach dem Amt, das er seinem Kind und Knecht gibt –, haben wir alle dich erkannt, und es ist mir von unserm Komitee der Auftrag geworden, dich, lieber Bruder Rappard, zu berufen, an die Stelle des seligen Herrn Kaplan als Vorsteher der Anstalt auf St. Chrischona zu treten ... Du nanntest dich in deinen Briefen an Herrn Spittler seinen getreuen Pilgersohn, und schriebst mir von deiner lieben Frau, sie sei eine treue Pilgerseele. Das ist es, was wir für St. Chrischona brauchen. Am meisten Bedenken bei deiner Person machte uns der Umstand, dass du erst nach Kairo versetzt und dem dortigen Gemeinlein als Prediger gegeben worden bist. Dieses Bedenken wurde aber in dieser Woche vollends weggenommen, als ein Telegramm von dem Lokalkomitee in Jerusalem ... dich als Nachfolger des Herrn Kaplan vorschlug ... Dein treu verbundener J.L. Jaeger.«

»Nein! Nein! Nein!«, ging es Dora durch den Kopf. Das konnte nicht sein, nachdem sie die Arbeit hier doch gerade erst begonnen hatten. Dann las sie auch noch einmal Heinrichs Begleitbrief. Auch hier stand dieses »Nein!«. Ihr Mann hatte wohl das gleiche spontane Empfinden gehabt. Aber da stand auch noch anderes: »... Die lieben Leute überschätzen meine Kraft sehr. So denke ich auch jetzt noch, nach ein paar stillen Stunden, doch mit einem Unterschied. Das Fleisch fängt jetzt an mitzureden und spricht mir vor, wie schwer und unangenehm die Stellung auf St. Chrischona für uns sein wird; aber solche Gründe sollen uns nicht abhalten. Bete recht ernstlich und anhaltend, damit wir vom Herrn, von ihm allein geführt werden. Sieh, ich traue es ihm zu, dass er mich auch in dieser Sache nach Ps. 32,8 leiten wird ... Ich fühle mich überaus klein und gering und nicht wert aller Barmherzigkeit meines Gottes. Doch sein bin ich und will ich sein, und zwar sein Knecht. Er kann mich hinstellen, wo er will ... Gott segne dich und gebe dir Klarheit. Niemand außer ihm kennt mich so wie du ... Dein Heinrich.«

Dora griff sich mit den Händen an den Kopf. Jetzt bitte nur

keine der bekannten Kopfschmerzen! Ihr schwindelte. Die Gedanken begannen, hin und her zu springen. Konnte Gott wirklich schon wieder ihren Abschied und Wechsel wollen? Wer übernahm dann hier in Kairo die Arbeit? War sie, Dora Gobat-Rappard, selbst würdig, als »Frau Inspektor« nach St. Chrischona hinaufzuziehen? Ihr Mann war doch Evangelist und liebte es nicht, Vorträge über ein Werk zu halten oder gar in Veranstaltungen um Gaben zu bitten und Kollekten zu sammeln.

»Es verlangt mich, mit dir darüber zu reden«, hatte Heinrich geschrieben. Wenn der geliebte Mann doch nur bald von seiner Reise nach Alexandria zurückkäme, damit sie reden könnten. Bis übermorgen blieb ihr nur das Schweigen über die Sache und beten und ringen um Wegweisung und Klarheit. Aber Gottes Verheißung galt, wie sie immer gegolten hatte. So hatte es Heinrich in seinem Brief zitiert: »Ich will dich unterweisen und dir den Weg zeigen, den du gehen sollst. Ich will dich mit meinen Augen leiten.« Dora klammerte sich in ihrer augenblicklichen Not an diese Zusage und wurde fürs Erste ruhig, freilich ohne eine sichere Meinung zu haben.

Nachdem ihr Mann zwei Tage später zurückgekehrt war, gab es natürlich kein anderes Thema als die Berufung zum Inspektor ins Chrischona-Werk und die Bedenken, die sie beide bewegten. Dann schrieb der Missionar seine Antwort in der Hoffnung, sie sei für ihn und seine Frau »das Fell Gideons«, mit dem dieser Große in Israel seinen Gott um ein Zeichen gebeten hatte, nein, sogar um zwei, wie die beiden Missionsleute im Buch der Richter noch einmal nachlasen.

»Schau, mein lieber Mann, hier findest du den doppelten Ruf Gottes an seine Knechte«, sagte Dora, als Heinrich den langen Text zu Ende gelesen hatte.

»Wie meinst du das, mein Liebes?«, fragte er.

»Du findest im Vers 12 erstens den Ruf der Begnadigung: ›Der Herr ist mit dir!‹«

»Aber ich bin durchaus kein streitbarer Held«, schränkte Heinrich ein.

»Vielleicht keiner wie Gideon, mein lieber Schatz«, widersprach Dora. »aber einer wie Heinrich Rappard mit all den Gaben und Fähigkeiten, die Gott dir gegeben hat. Du darfst schon dankbar schauen auf das, was in der kurzen Zeit hier auf ›St. Markus‹ geworden ist. Gott war mit dir, und Gott ist mit dir. Und er wird mit dir bleiben.«

»Ja, Liebes, so ist es und so wird es sicher auch später sein. Und was meintest du mit dem zweiten Ruf?«

»Ich meinte den Ruf der Sendung im Vers 14: ›Gehe hin in dieser deiner Kraft; siehe, ich habe dich gesandt.‹«

»Wenn dieser Ruf das Wort für unsere Sendung ist, dann müssen wir ihn hören, Dora.«

»Und dann müssen wir gehen«, ergänzte die junge Frau.

»Ja, dann werden wir gehen«, bestätigte ihr Mann. »Aber warten wir doch zunächst die Antwort aus Basel ab. Die Brüder stehen mit ihrem Anliegen ebenso vor Gott wie wir.«

Die beiden konnten nicht wissen, dass die Antwort aus Basel bereits unterwegs war. Wenige Tage später hielten sie sie in den Händen. Das Schreiben enthielt eine Bekräftigung der Berufung, indem Jakob Ludwig Jaeger Bezug auf einen früheren Brief Heinrich Rappards nahm, in dem er einmal seine Sorge um St. Chrischona ausgedrückt hatte. Der las seiner Dora die Ausführungen des Freundes vor:

»… Aber jener Brief von dir, der mir zwei Tage nach Abgang des meinigen zukam, lässt uns hoffen, dass der treue und gnädige Hirte und Bischof der Seelen deinem Herzen das Bedürfnis der Chrischona so klar vorgestellt hat, um dich selbst dadurch vorzubereiten auf diesen Posten. Gerade dieser dein Brief bestätigt uns die Richtigkeit deiner Wahl … Ich reiche dir darauf die Hand, und der Herr wird mit uns sein. Halleluja! … In treuer Bruderliebe Euer J.L. Jaeger.«

Da dieses Schreiben aber nicht die Antwort auf Heinrichs zweiten Brief sein konnte, weil sich die Post gekreuzt haben musste, empfanden die beiden Eheleute ihn auch noch nicht als die endgültige Bestätigung ihrer Berufung. Sie blieben also in gespanntem Warten und ernstem Beten um die rechte Entscheidung ihres Herrn und Gottes für den künftigen Weg, auch für den künftigen Weg der Arbeit in »St. Markus« in Kairo. Denn es konnte ihrem Empfinden nach kaum Gottes Wille sein, die Arbeit hier erneut verkümmern zu lassen.

Drei Wochen später lichtete sich endlich das Dunkel. Zum einen klärte sich die Nachfolge für die Arbeit in Kairo – nach einer Übergangszeit sollte ein deutscher Pastor für die hiesige Gemeindearbeit fest angestellt werden –, zum anderen brachte die Post die endgültige Bestätigung des Rufs nach St. Chrischona in die Aufgaben des Inspektors der Pilgermission und der Ausbildungsstätte. Mit zitternden Herzen lasen Dora und Heinrich den Brief des Freundes aus Basel:

»... Da du diese bedingte Zusage um unsertwillen gabst und die Bedingungen erfüllt sind, nehmen wir keinen Anstand, dich den Freunden als Nachfolger des Herrn Kaplan Schlienz und Vorsteher unserer Anstalt zu nennen. Also kommt, ihr lieben Geschwister, im Namen Jesu! Chrischona ist verwaist, arg verwaist! Der Herr wird alles wohlmachen nach seiner Gnade. Dein treu verbundener J.L. Jaeger.«

Dora und Heinrich fiel es wie ein Stein vom Herzen, und das Zittern wich einer dankbaren Gelassenheit. Endlich hatten sie Klarheit über ihren künftigen Weg. Nach einem nochmaligen Gedankenaustausch mit seiner Frau und nach gemeinsamem Gebet schrieb der künftige Inspektor des Chrischona-Werkes noch am selben Tag seine Antwort:

»... Es ist also mein Gott, der mich ruft, er, der mich kennt, der Herz und Nieren erforscht, der durch den Mund seiner Knechte mir sagen lässt: Komm in meinen Weinberg Chrischona und arbeite dort! Was könnte ich als Knecht Christi, und das bin ich und will ich sein, anders tun, als freudig folgen ... Indem wir dem Ruf folgen, ist es unser Verlangen und Bedürfnis, uns mit allem, was wir sind und haben, ganz dem Herrn zu weihen zu lebendigem Priestertum, seinen Willen zu tun, uns zurichten zu lassen zu dem Werk, woran er uns stellt ... Ich fühle nun noch lebendiger als vorher, wie ich St. Chrischona liebe und wie innig ich mit ihr verbunden bin. Zum besonderen Trost gereicht es mir, dass meine liebe Frau gleichen Sinnes mit mir ist. C.H. Rappard.«

Auf den letzten Satz hatte Dora besonderen Wert gelegt. Die Brüder sollten es unbedingt wissen, dass sie mit Leib und Seele hinter der Arbeit ihres Mannes stand, wie immer die aussah und wo immer sie auszuführen war.

In wunderbarer Einmütigkeit und großer gemeinsamer Vorfreude auf die neuen Aufgaben bereiteten Dora und Heinrich in den folgenden Wochen die Station in Kairo auf die Veränderungen vor. Bei allem Tun blieb ihnen noch Zeit für kurze Reisen ins Land. Sie wollten doch gerne noch ein paar gute Eindrücke als bleibende Erinnerungen an das Land ihrer beiden ersten Arbeitsplätze sammeln und mitnehmen.

So besuchten sie die berühmten Pyramiden von Gizeh und die »Sonnenstadt« Heliopolis und staunten darüber, was Menschen in längst vergangener Zeit schon zu leisten vermocht hatten. Sie erlebten auch noch das Handeln des Schöpfergottes für die Menschen am Nil in der Überflutung der Ufer. Dieses Ereignis wurde jedes Jahr von den Menschen entlang des Stromes neu mit Spannung erwartet, weil es für die Fruchtbarkeit und für die Ernte ihres ansonsten wüsten Landes dringend nötig war. Mit Freudenfeiern und unter großem Jubel wurden an vielen Orten die Dämme geöffnet, damit das kostbare Nilwasser mit dem mitgeführten nützlichen Schlamm sich in die großen und kleinen Bewässerungskanäle dahinter ergießen konnte.

Dieses Erlebnis formte sich für die beiden jungen Missionsleute zum Wunsch für ihre künftige Arbeit mit angehenden Predigern, Evangelisten und Missionaren: Auch für die geistlichen Felder im eigenen und fremden Leben kam das Wasser des Segens Gottes von oben. Aber große und kleine Gräben ziehen, Hindernisse wegräumen, Schleusen öffnen für sich selbst und für andere – das hatte Gott seinen Leuten zu tun aufgetragen.

So wollten Dora und Heinrich Rappard es am neuen Ort gemeinsam halten, wie sie es bisher auch schon gehalten hatten, und das ganz nach Jesu Wort aus Johannes 15: »... ohne mich könnt ihr nichts tun«.

Und wie Dora bisher in die Aufgabe der Gehilfin des Missionars und Predigers hineingewachsen war, so wollte sie auch als künftige Frau Inspektor im neuen »Weinberg« ihrem Mann eine treue Gehilfin werden beim Gräbenziehen und Schleusenöffnen, beim Pflanzen und Säen und auch beim Ernten, wenn Gott denn eine Ernte schenkte.

So sollte es tatsächlich werden: Für ihren geliebten Mann und für die Arbeit der »Pilgermission« wurde diese Frau zu einem unschätzbaren Segen.

Am 7. August 1868 verließen die beiden Rappards »St. Markus«, um zunächst noch einmal nach Palästina und hinauf nach Jerusalem zu reisen. Bei dieser Gelegenheit konnten sie ihrem schwarzen Pflegesohn Samuel noch ein wenig die Heimat seiner Mutter zeigen. Wie war der Junge glücklich, dass seine Pflegeeltern Wort gehalten hatten. »Du wirst immer bei uns bleiben, was auch kommen mag«, hatte Dora ihm versichert. Und jetzt durfte er sie begleiten auf der abenteuerlichen Reise über das große Meer, über riesige Berge in ein kühles und feuchtes Land, das mit seiner heißen, trockenen afrikanischen Heimat nicht zu vergleichen war. Samuel war nur noch glücklich, und er war sehr gespannt, was alles auf ihn zukam.

In erster Linie ging es in Jerusalem, der Zionsstadt, der Stadt Gottes, natürlich darum, sich von Doras geliebter Heimat

Jerusalem zu verabschieden und von all denen, die zurückbleiben würden, von den Eltern Gobat, von den Geschwistern, anderen Verwandten und vielen Freunden. Es stand bei Gott, ob es irgendwann irgendwo mit dem einen oder anderen ein Wiedersehen gab. Hoffentlich mit allen einmal in der Ewigkeit.

Leider erkrankte Heinrich in Jerusalem an einem tückischen Fieber. Das trübte ein wenig die Freude des Miteinanders und beeinträchtigte die Unternehmungen. Dennoch setzten die Rappards nach einigen Tagen Aufenthalt und einem bewegenden Abschied die Reise nach Europa fort. Vielleicht war es die Seeluft während der Überfahrt von Jaffa nach Triest, die dem Kranken half, das Fieber zu überwinden. Sicher hatte Gott auch die vielen Gebete für ihn um Gesundheit und Reisefähigkeit erhört. Jedenfalls konnte Heinrich die anschließende Reise über Land als fast völlig gesunder Mann fortsetzen.

Mit der Bahn ging es über den Brenner nach Innsbruck, von dort weiter über München und Lindau nach Schaffhausen. Samuel kam auf der gesamten Reise aus dem Staunen nicht heraus, und er beschäftigte seine Eltern immer wieder mit seinen Fragen zu dem, was er entlang der Reiseroute zu sehen bekam. Wie schön, dass Herr Rappard wieder gut beieinander war und er seinem Sohn die bunte Vielfalt der Schöpfung Gottes und das, was menschliche Arbeit daraus gemacht hatte, erklären konnte. Und wenn Herr Rappard einmal Ruhe brauchte, dann übernahm die Mutter gerne die Aufgabe. Die konnte auch wunderbar erklären und erzählen. Wenn es doch nur nicht so kalt wäre in Europa …

Auf Gut Iben fanden die Reisenden im Kreise von Heinrichs Verwandtschaft ein paar Tage Erholung von den Strapazen der vergangenen Tage, ehe die letzten Etappen hinüber nach Basel und hinauf nach St. Chrischona unter die Räder eines Reisewagens und später unter die eigenen Füße genommen wurden. »Nun denn, so sei es«, freute sich Dora, »im Namen Jesu, St. Chrischona, wir kommen!«

Der 29. August 1868 war ein Samstag mit wenig Sonne und kühlen Winden. Dora, Heinrich und ihr schwarzer Samuel hatten im Hause des Freundes Sarasin unten in Riehen am Fuß von St. Chrischona noch einmal übernachtet. Nun machten sie sich mit warmen Empfindungen in den Herzen ganz früh an diesem vorherbstlichen Tag in Begleitung von Jakob Ludwig Jaeger und Fräulein Sette Spittler, der Pflegetochter des Gründers der St. Chrischona-Pilgermission, auf den Weg, durch die Felder und den Buchenwald hinauf auf den Berg. Dort warteten im neuen Anbau des Brüderhauses neben dem Kirchlein drei Zimmer auf ihre neuen Bewohner.

Dort warteten aber noch viel mehr die verwaisten Brüder sehnsüchtig auf den neuen Leiter und Inspektor. Ihr zuletzt einziger Lehrer, der alte englische Geistliche Robinson, war wenige Tage zuvor in seine Heimat abgereist, und den jungen Männern auf dem Berg war lediglich die Betreuung durch einen christlichen Freund des Werkes aus der Fälkli-Buchhandlung in Basel geblieben. Herr Weißmann hatte sich alle Mühe gegeben, die Schar der jungen Männer zusammenzuhalten. Wie sehr aber sehnte er sich mit ihnen nach einem führenden Kopf und einer lenkenden Hand für den Fortgang der Arbeit.

Die Männer auf dem Berg und die wenigen weiblichen Hilfskräfte hatten sich frühzeitig an der westlichen Treppe zum erhöhten Kirchplatz versammelt. Hier wollten sie das neue Inspektorenehepaar und ihre Begleiter gebührend begrüßen. Sie hatten dafür eigens ein Lied eingeübt, das in seinen beiden Strophen ihre eigene Situation und die des Werkes St. Chrischona und zugleich ihre Hoffnung widerspiegelte:

»Der Herr ist fromm und treu und gut!
Wohl dem, der auf ihn trauet!
Ja, selig ist, wer auf Jehova bauet
und still in seiner Gnade ruht:
Der Herr ist fromm und treu und gut.

Durch Nacht führt er uns fort zum Licht,
durch Sterben geht's zum Leben,
und was er nimmt, das will er wieder geben.
Drum, Knechte Gottes, zaget nicht:
Durch Nacht führt er uns fort zum Licht.«

Als sich die Fußgänger endlich der Treppe zum ehrwürdigen Kirchlein näherten, mochten die Wartenden zunächst erschrocken sein. Denn das erste Gesicht, das sich ihnen zeigte, war ein schwarzes. Wie kam ein kleiner Schwarzer auf diesen Berg? Von dem Pflegekind der Rappards wusste hier oben bisher niemand etwas. Samuel war den vier Erwachsenen vorausgeeilt, wartete aber am Fuß der Treppe auf die anderen. Ob er das Erschrecken des Empfangskomitees gemerkt hatte?

Dann aber kamen auch die neuen Inspektors und ihre beiden Begleiter in Sicht. Als sie die Treppe erreicht hatten, wurde oben der gesungene Willkommensgruß angestimmt. Als rauer Männergesang klang es den Wanderern entgegen.

Nach dem Lied ergriff Herr Weißmann das Wort: Ja, es solle wieder Licht werden auf St. Chrischona, nachdem es Gott gefallen hatte, für eine Zeit Nacht über die Arbeit und die beteiligten Menschen zu legen. Aber es habe sich gelohnt, nicht zu verzagen, sondern am Vertrauen auf Gottes Treue und Güte festzuhalten. Für St. Chrischona und seine Menschen breche mit der glücklichen Ankunft des neuen Herrn Inspektors mit seiner lieben Frau Inspektor nun eine neue Zeit an. Gott möge diese Zeit segnen, er werde es sicher tun.

Eine anrührende Begrüßung war das für die Ankömmlinge. Dora Rappard, die erste »Frau Inspektor« auf diesem Berg, stieg als Erste die Stufen hinauf, reichte nacheinander jedem der Männer und jeder Frau die Hand und schaute ihnen ins Gesicht und in die Augen. Dabei hörte sie auch zum ersten Mal ihre Namen. »Prächtige Kerle«, »feines Personal«, ging es ihr dabei durch den Sinn. Gott suchte sich für seinen Dienst offenbar nicht die Schlechtesten aus.

Der Herr Inspektor tat es seiner Frau nach, und auch Samuel begrüßte jeden einzeln. Dabei strahlten seine Augen, und seine weißen Zähne blitzten aus seinem dunklen Gesicht. Nachdem auch Fräulein Spittler und Herr Jaeger die Hände gereicht hatten, begaben sich alle zusammen ins Kirchlein, um einen kurzen Begrüßungsgottesdienst miteinander zu feiern mit Lob und Dank für die gottgegebene Wende der Not und mit der Bitte um reichen Segen für die kommende Zeit.

Die offizielle Einführung des neuen Leiters sollte am ersten Septembersonntag stattfinden. Bis dahin hatten die drei Neulinge auf dem Berg Zeit, sich ihre kleine Übergangswohnung einzurichten, sich auf dem Gelände zu orientieren und mit den Verhältnissen vertraut zu machen. Seit Heinrich nach seiner eigenen Einsegnung am 14. August 1864 den »heiligen Berg« verlassen hatte, war in den Lebens- und Arbeitsbereichen doch einiges anders geworden. Und es würde sicher in den nächsten Monaten noch manche weitere Veränderung zum Wohle des Werkes und seiner Menschen geben.

Eine Woche später führte man den neuen Inspektor und seine Frau in einem festlichen Gottesdienst in ihre Ämter ein. Zugleich wurden acht Männer für ihre Dienste eingesegnet und ausgesandt. Carl Heinrich Rappard hielt nach seiner eigenen feierlichen Einsegnung die Hauptpredigt über Richter 6, über jenes Kapitel von Gideon, das ihn und seine Dora zuletzt in Kairo sehr beschäftigt hatte. Dabei nannte er auch die damaligen Gedanken seiner Dora über den doppelten Ruf Gottes, den jeder Mitarbeiter im »Weinberg« gehört haben sollte und den er selbst bei seiner Berufung in sein neues Amt deutlich vernommen hatte: den Ruf der Begnadigung und den Ruf der Sendung. Und was für ihn selbst gelte, das gelte auch für seine liebe Frau. Sie habe sich vorgenommen und verspüre auch deutlich den Auftrag dazu, mit Gottes Hilfe und mit ihren Fähigkeiten und Möglichkeiten ihm selbst in seinem neuen

Amt eine ergebene Gehilfin und dem Werk eine gute Mitarbeiterin zu werden.

Nach dem Gottesdienst mussten Heinrich und Dora viele Hände schütteln. Von vielen bekannten und auch unbekannten Menschen nahmen sie herzliche Segenswünsche für ihre Arbeit mit.

Dabei spürten sie allerdings auch, dass der eine oder andere Anwesende Bedenken hatte, ob denn dieser hagere und bleich aussehende Mann das Werk lange führen werde. Der sehe ja schon wieder aus wie ein Todeskandidat. Außerdem erscheine er sehr jung für dieses verantwortungsvolle Amt. Und seine Frau, die sei ja noch jünger und als Frau Inspektor ...?

Die Leute konnten nicht wissen, dass der neue Vorsteher des Werkes gerade erst von einem bösen Fieber genesen war und deshalb noch ein wenig blass aussah. Auch wussten die meisten Gäste dieses festlichen Sonntags sehr wenig über den neuen Herrn Inspektor und seine Frau und über das, was die beiden auf ihrem erst kurzen gemeinsamen Weg schon alles für die Sache Gottes geleistet hatten. Am wenigsten konnten sie wissen, dass Gott diesen Mann mit seiner Gefährtin für einundvierzig Jahre gemeinsamen Dienst in diesem besonderen Weinberg vorgesehen und erwählt hatte.

Mutter für viele

Die ersten Monate auf St. Chrischona fielen Dora, der Frau Inspektor, wie sie von allen Absolventen und Mitarbeitern genannt wurde, nicht leicht. Der Herr Inspektor bekam vom ersten Tag an alle Hände voll zu tun, die Arbeit im Werk der Pilgermission in neue, geordnete Bahnen zu lenken, sich um den Unterricht zu kümmern und selbst zu unterrichten und die verschiedenen Wirtschaftsbereiche neu zu organisieren. Dabei bezog er Dora selbstverständlich in alle seine Überlegungen und Planungen ein, und alles, was neu geordnet und geregelt wurde, war zuvor zwischen den beiden besprochen und gemeinsam vor Gott gebracht worden. Anders hätten sie es sich auch nicht vorstellen können.

Dennoch fühlte sich Dora unterfordert. Die Wohnverhältnisse waren schlicht, eine eigene Hauswirtschaft mit der Verwaltung einer Haushaltskasse gab es nicht. Das Inspektorenehepaar bekam nämlich wegen der miserablen Finanzlage des Werkes zunächst gar kein Gehalt. Die beiden lebten von der allgemeinen Versorgung und nahmen die Mahlzeiten gemeinsam mit den jungen Männern ein, was für die Nähe zu den Schülern und Mitarbeitern nur gut sein konnte. Für eine Frau des Inspektors, die es bisher ja nicht gegeben hatte, hatte das Werk keinen eigenen Arbeitsbereich vorgesehen.

Das änderte sich auch nicht, nachdem die beiden Rappards mit ihrem Pflegesohn in die neue Inspektorenwohnung im Haus »Kirchheim« umgezogen waren. Dieses Haus war vor wenigen Jahren als Wohn- und Werkstatthaus unterhalb des Kirchleins erstellt worden und beherbergte im Erdgeschoss eine Druckerei und Buchbinderei und im Dachgeschoss eine Schneiderei und die Wohnungen der Meister und Mitarbeiter. Tagsüber war es dadurch zuweilen sehr laut in der Wohnung im ersten Stock. Aber daran gewöhnten sich die Bewohner im Laufe der Zeit und nahmen die Arbeits- und Lebensgeräusche von unten und oben gar nicht mehr wahr. Viele Gespräche konnten sie ohnehin erst am Abend führen, wenn die anderen Feierabend hatten und es im Haus still war.

Dora fragte sich lange Zeit, wie sie ihrem geliebten Mann die Gehilfin sein sollte, die sie so gerne sein wollte, wenn sie nur so wenig Gelegenheit dazu bekam? Sollte ihre Aufgabe etwa darauf beschränkt bleiben, ihrem Mann Rat und Gebetshilfe zu geben, ihrem Samuel eine gute Mutter zu sein und später ihrem eigenen Kind, dessen Geburt sich für das kommende Frühjahr ankündigte? Das konnte es doch eigentlich nicht sein.

Schließlich schrieb sie an ihre alte Tante Sophie Gobat, die immer noch in Préfargier lebte, und bat sie um Rat. Die schrieb ihr zurück: »… Mein Kind, wenn Du den Eindruck hast, Du habest keine volle und befriedigende Aufgabe, so rate ich Dir, das Wenige, was Du zu tun hast, so gut und vollkommen zu machen als nur immer möglich, und wäre es auch nur, einen Knopf an Deines Mannes Hemd zu nähen. Merke darauf, wo Du helfen und dienen könntest! Tue auch das Kleinste mit Eifer als für den Herrn, und Du sollst sehen, wie reich das Tagwerk wird, das er Dir vertraut!«

Ja, so wollte sie denken und so wollte sie handeln, sagte sich Dora. Und mit Geduld und Liebe wollte sie darauf warten, dass Gott ihr die Aufgaben zuwies, von denen er wollte, dass sie sie für ihn und sein Werk täte.

Unter der neuen Leitung entwickelte sich das Chrischona-Werk sehr bald wieder in eine gute Richtung. Die Zahl der Schüler nahm zu, die Zahl der Mitarbeiter ebenso, und auch die Kassenlage des Werkes verbesserte sich. Heinrich Rappard hatte sich bald nach dem Einzug ins Haus »Kirchheim« als Trost und Mahnung den Rat aus den Sprüchen Salomo über seinen Schreibtisch gehängt: »Verlass dich auf den Herrn von ganzem Herzen und nicht auf deinen Verstand.« Nach dieser Weisung handelte er in allen Dingen. Er traf keine Entscheidung und gab keine Anweisung, die nicht vorher gründlich betend bedacht und mit Dora besprochen wurde, um sie dann noch einmal gemeinsam vor Gott zu bringen. Dabei erlebte Heinrich, dass Gott sich zu seiner Arbeit auf dem Berg bekannte und auch zu der, die von hier aus irgendwo in der Nähe oder in der Ferne auf Gemeinde- und Missionsstationen getan wurde.

Mit der wachsenden Arbeit ergaben sich auch die Aufgaben für Dora im Werk der Pilgermission. Über ihren Schreibtisch hängte sie für sich selbst ein Wort aus dem Matthäusevangelium: »Gehe hin und arbeite heute in meinem Weinberg!« Das war einem Sohn gesagt, der diese Aufforderung zunächst mit einem »Nein!« beantwortete, sie dann aber doch ausführte. Dem wollte Dora sich allerdings nicht vergleichen. Sie hörte dieses Wort ja für sich. Sie war eine willige »Magd des Herrn«. Sie hatte diese Aufforderung vernommen und wollte sie gerne ausführen. Es taten sich ihr auch mit der Zeit mehrere Handlungsfelder auf, die ihr bald wunderbare Erfüllung verschafften. Da ihr im Laufe der Jahre mehrere Hausmädchen treu zur Seite standen, konnte sie diese wachsenden Aufgaben neben der Sorge für ihre Familie wahrnehmen.

Die erste große Verantwortung war die der Hausmutter, die ihr nach dem endgültigen Ausscheiden des bisherigen Hausvaters Kessler übertragen wurde. Der alte Bruder war nach seiner Erkrankung nicht mehr recht zu Kräften gekommen und hatte seinen Dienst aufgeben müssen. Sein Nachfolger erwies sich mit seiner Frau bald als ungeeignet für diese umfangreiche Verantwortung, und so gab es ab dem 1. Juni 1871 nur noch eine Hausmutter.

Endlich hatte Dora eine handfeste Aufgabe. Immerhin war sie erst neunundzwanzig Jahre alt und nun Vorgesetzte all derer, die in Küche, Wäscherei, Schlachterei und anderen Bereichen der wachsenden ökonomischen Abteilung des Werkes beschäftigt waren. Mit viel Einfühlungsvermögen in die Persönlichkeiten der Mitarbeiter und Mitarbeiterinnen, mit viel Liebe und Freundlichkeit und einem immer offenen Ohr für die Anliegen ihrer Anbefohlenen leitete sie diesen Bereich für die Sache ihres Herrn. Dabei hielt sie sich treu an einen Leitspruch ihres Mannes. »Regiert jemand, so sei er sorgfältig«, hatte der Apostel Paulus einst den Römern geschrieben. Diesen Leitspruch machte auch sie sich zu Eigen, wobei zur Sorgfalt für die Hausmutter auch der seelsorgerliche Umgang mit den ihr anvertrauten Menschen gehörte. Die dankten es ihr gerne durch ihren Arbeitseifer und durch ihre vertrauensvolle Unterordnung unter die Leitung der jungen Frau Inspektor.

Ein zweites Handlungsfeld wurde Dora bald übertragen. Dass es auf St. Chrischona wieder geistlich zuging, dass die Arbeit in neuen, geordneten Bahnen verlief, dass auf dem »heiligen Berg« ein gottergebener, tief gläubiger und äußerst fähiger, wenngleich junger Inspektor mit einer liebenswerten und ebenso gläubigen und geschickten jungen Frau residierte und das Werk führte, sprach sich im Lande herum. Die Pilgermission gewann bald alte Freunde zurück und neue dazu, die ihre finanzielle Verantwortung für die Sache Gottes in diesem Werk erkannten und wahrnahmen. Die Einnahmen stiegen, und sie hielten in den folgenden Jahren mit den Ausgaben Schritt. Die Landwirtschaft konnte erweitert werden, neue Gebäude konnten erstellt werden, Gehälter regelmäßig und in angemessener Höhe bezahlt und mittellose Schüler gefördert werden. Das letzte Gebet des verstorbenen Kaplan Schlienz wurde auf wunderbare Weise erhört: »Meister, lass dein Werk nicht liegen!«

Nein, Gott ließ sein Werk nicht liegen. Er richtete es wieder auf und stellte es auf ein neues, tragfähiges Fundament, auf dem die Frau des Inspektors zu einer unverzichtbaren Säule der Arbeit wurde. Ein halbes Jahrhundert lang verwaltete Dora das Kassenwesen des wachsenden Werkes. Mit viel Liebe und großem Einsatz widmete sie sich dieser neuen Aufgabe, die auch mit einer Menge Korrespondenz verbunden war. Zu schreiben hatte ihr noch nie Mühe gemacht. Außerdem beherrschte sie ja neben der deutschen auch die englische und die französische Sprache mündlich so gut wie schriftlich. Es machte ihr Freude, mit Chrischona-Brüdern und Freunden des Werkes in diesen Sprachen zu korrespondieren. Manche dieser Briefe wurden am Abend oder gar in der Nacht geschrieben, wenn es ruhig geworden war im Haus »Kirchheim«, wenn die Druckmaschinen schwiegen, die eigenen Kinder schliefen und der geliebte Mann im Nebenzimmer an seinem Schreibtisch noch mit der Vorbereitung seines Unterrichts oder eines Vortrags oder einer anderen Arbeit beschäftigt war. Kaum ein Brief wurde geschrieben, den Dora nicht mit einem Gebet vorbereitet und auf den Weg geschickt hätte, getreu der Mahnung Jesu, die auch für diese Arbeit galt: »... ohne mich könnt ihr nichts tun«.

Dann gab es bald ein weiteres Arbeitsfeld, auf dem sich die Frau des Inspektors gerne betätigte. 1874 gründete Heinrich Rappard mit Paul Kober, dem Mann seiner Schwägerin Maria, Doras Schwester, eine erweckliche und erbauliche Monatsschrift: »Des Christen Glaubensweg – Blätter zur Weckung und Förderung des christlichen Lebens«, den späteren »Glaubensboten«. Dora wurde eine eifrige Mitarbeiterin dieser Arbeit. Hier konnte sie über Jahrzehnte ihrem Mann eine große Stütze sein und auch ihre eigenen tiefgründigen geistlichen Gedanken an viele Menschen im Land weitergeben. Es blieb nicht dabei, dass sie durch ihre Artikel dieser Zeitschrift einen größeren Leserkreis erreichte, sie sprach auch bald vor größeren Kreisen von Zuhörern und vor allem Zuhörerinnen.

Seit 1875 gab es in der Schweiz an vielen Orten regelmäßige Versammlungen auf der Basis der Evangelischen Allianz, zu denen bald auch eigene Frauenversammlungen gehörten. Für Dora begann die neue Arbeit am 3. Januar dieses ersten Jahres der Allianzarbeit in der Hauptstadt Bern. Im Vorfeld schon hatte sie gemeinsam mit ihrem Mann das Programm der Allianzwoche besprochen und erstellt. Es sah für den Vormittag nach einer allgemeinen Gebetsversammlung eine anschließende Konferenz für Männer vor. Die Frauen hätten zu dieser Zeit des Tages ohnehin anderes zu tun. Sie brauchten also für diese Stunden nicht bedacht zu werden, war die Meinung unter den Brüdern. Für die Nachmittage waren allgemeine Versammlungen geplant, an denen auch Frauen teilnehmen konnten. So also die Vorüberlegungen. Aber Gott hatte offenbar anderes beschlossen.

Dora hatte sich am Vormittag nach der Gebetsstunde in ihr Zimmer zurückgezogen, als es plötzlich klopfte. Auf ihr »Herein!« betrat Pfarrer Gerber den Raum. »Frau Rappard«, sagte er, »ich komme als Abgesandter Ihres Mannes. Aber auch in meinem eigenen Namen.«

Gespannt, was wohl das Anliegen ihres und dieses Mannes sei, schaute sie ihn an: »Was kann ich für meinen Mann tun? Oder auch für Sie, Bruder Gerber?«

Die Antwort kam etwas zögernd: »Ihr Mann bittet Sie, und ich schließe mich dieser Bitte ausdrücklich an, sich der Frauen anzunehmen, die sich für den restlichen Vormittag hier im Haus zusammengefunden haben und eine eigene Versammlung wünschen, während die Brüder ...«

»Ich als Frau soll mich der Frauen annehmen?«, fragte Dora erstaunt. »Es sind doch genügend Brüder im Haus, die das tun können.«

»Das habe ich Ihrem Mann auch gesagt.«

»Und, was hat er geantwortet?«

»Er hat gesagt, es sei nicht nötig, dass sich einer von uns für diesen Dienst bereithielte. Sie könnten diese Stunde halten.«

Dora kam aus dem Staunen nicht heraus. Wann hatte denn schon einmal eine Frau eine Versammlung gehalten? Das war doch immer Männersache gewesen. »Und Sie, Bruder Gerber? Wie denken Sie dazu?«, erfragte sie die Meinung des Pfarrers.

»Ich sagte schon, dass ich die Bitte Ihres Mannes gerne unterstütze, auch wenn ich ihm eins zu bedenken gegeben habe.«

»Und was war das?«

»Es haben sich mehr als einhundert Frauen unten in den beiden Sälen der Frau von Wattenwyl versammelt.«

»Was hat mein Mann auf Ihre Bedenken geantwortet?«

»Es sei unwesentlich, wie viele Frauen versammelt seien. Sie könnten diesen Dienst auf jeden Fall übernehmen.«

»Und er glaubt, ich sei dieses Dienstes würdig?«, zögerte sie.

»Wenn Ihr Heinrich anderer Meinung wäre, würde er mich wohl nicht zu Ihnen geschickt haben«, bemühte sich der Pfarrer, Doras Bedenken zu zerstreuen.

»Und es wird aus den Reihen der Brüder keine Bedenken und keinen Widerstand geben?«

»Bedenken werden sicher geäußert, Frau Rappard.« Der Pfarrer kannte die Meinung vieler Brüder zum Thema eines weiblichen Dienstes. »Möglicherweise gibt es auch Widerstand. Aber dem wird Ihr Mann zu begegnen wissen. Da bin ich sicher.«

»Und mein Heinrich wünscht meinen Dienst wirklich ausdrücklich?«, vergewisserte sich Dora noch einmal. Sie wollte keinen Fehler begehen und leichtfertig eine Arbeit tun, die bei Konferenzen ähnlicher Art noch nie eine Frau getan hatte.

»Er wünscht ihn ausdrücklich«, bestätigte Pfarrer Gerber mit Nachdruck. »Er hat gemeint, wenn ich Ihnen sage, dass er es wünsche, würden Sie es auch tun.«

»Nun denn, lieber Bruder Gerber, sagen Sie meinem lieben Heinrich, dass ich diesen Dienst freudig übernehmen will als vom Herrn gegeben«, stimmte Dora zu und ergänzte wie zu sich selbst: »Matthäus 21,28: ›Gehe hin und arbeite heute in meinem Weinberg!‹«

Der Pfarrer schaute sie bei dieser Äußerung erstaunt an, als fordere er eine Erklärung.

»So steht es über meinem Schreibtisch auf St. Chrischona«, sagte Dora. »So will ich es auch heute halten. Gott wird schenken, dass es gelingt.«

»Gott hat noch immer gesegnet, was Menschen im Gehorsam tun«, bestätigte Pfarrer Gerber und verabschiedete sich, um Heinrich Rappard die Entscheidung seiner Frau mitzuteilen und auch die Frauen unten im Haus über die bevorstehende Veranstaltung mit der Frau des Inspektors von St. Chrischona zu unterrichten. Die faltete derweil in ihrem Zimmer die Hände und betete ein Gebet, das ihr in allem eigenen Tun immer wichtig war:

»Herr, was von mir kommt, decke zu!
Und was von dir kommt, segne du!«

Auf ausdrücklichen Wunsch ihres Mannes und nach dessen geistlicher Erkenntnis also wurde Dora Rappard seit dieser Januarwoche 1875 zu einer immer wieder gern gehörten Rednerin bei Versammlungen für Frauen verschiedener sozialer Herkunft und Altersstufen. Später wurde sie dann auch zur Lehrerin für solche Frauen, die sich zurüsten lassen wollten, damit sie selbst in Frauenstunden Dienste tun konnten.

Wie viel fundierte geistliche Orientierung sie auf diese Weise hat weitergeben können, konnten ihre Zeitgenossen nur ahnen. Wie viele hunderte Frauen durch ihre Botschaften im Glauben erweckt, geistlich gegründet und gefördert worden sind, steht nicht in irdischen Büchern verzeichnet. Bei dem allen sah diese begabte und begnadete Frau sich nur als »ein armseliges Werkzeug, das der große Meister zu gebrauchen die Gnade hatte«.

Dass sie einmal öffentlich reden würde, war in Doras eigenen Lebensüberlegungen wohl kaum vorgekommen. Hier wähnte sie sich zunächst nicht sonderlich begabt, eine Einschätzung, die sich als falsch erweisen sollte. In der Musik war das schon immer anders gewesen. Dass sie sehr musikalisch war und eine gute Stimme hatte, war ihr ja schon in frühen Jahren vielfach bestätigt worden. Dass sie die Gabe hatte zu erzählen ebenso. Wie hatte sie als Jugendliche gegen die Versuchung der Selbstdarstellung und des damit verbundenen Stolzes ankämpfen müssen. Diese »fleischlichen Neigungen« hatte sie mit Gottes Hilfe längst überwunden. Die waren Vergangenheit, die Begabungen aber standen ihr ein langes Leben zu wertvollem Schaffen zur Verfügung.

Schon als Kind hatte Dora die ersten Verse gemacht. Als Sechzehnjährige erlebte sie in ihrer Heimat Palästina so etwas wie eine erste Schaffensperiode in geistlicher Lyrik, in der die

Richtung ihres Dichtens und Schreibens bereits sichtbar wurde. Damals fasste sie das so in Worte:

»Ich will von seinen Wundern singen,
die er, der Mächtige, vollbracht;
sein Preis und Ruhm soll weit erklingen
in dieser Welt, die er gemacht.«

Seitdem sprach und sang sie in ungezählten Gedichten und Liedern von den Wundern der Liebe, Güte, Treue und Barmherzigkeit ihres Gottes. Und das ganz zu seiner Ehre. Sie tat es in eigenen Texten und Melodien und auch, indem sie fremde Lieder, darunter viele englische, ins Deutsche übersetzte. Schon 1875 gab sie mit ihrem Mann ihr erstes Liederbuch heraus, das den Namen »Gemeinschaftslieder« trug und auch einige ihrer eigenen Lieder enthielt, wenngleich ohne Namensnennung. Später folgten weitere Gedicht- und Liedersammlungen mit vielen eigenen Texten und Melodien, die sie im Verlag ihres Schwagers Paul Kober in Basel herausbrachte.

Auch manches persönliche Empfinden fasste die Dichterin Dora Rappard in wunderschöne Lyrik, manches frohe oder auch traurige Tageserlebnis in balladenhafte Verse. Auch formulierte sie viele dienstliche Anweisungen an die jungen Männer und die Mitarbeiter mit zuweilen feinem Humor als kurze Reime, wodurch die für ihre Nachwelt erhalten blieben. Auch in diesen Dingen hatten ihre Gaben nachhaltige Wirkungen auf die Menschen ihrer Zeit und späterer Generationen.

Die Bescheidenheit, mit der Dora Rappard ihr musikalisch-literarisches Schaffen selbst gesehen hat, wird die Wirkung ihrer Texte und Melodien nur noch erhöht haben. »Eine Freundin sagte mir einmal, sie habe eine solch hohe und ideale Auffassung von der Dichtkunst, dass sie lieber gar nichts zu schreiben versuche«, schrieb sie einmal und fuhr dann fort: »Das leuchtete mir ein, und ich dachte: so willst du es auch halten.

Aber es ging nicht. Das Vöglein muss singen, wenn es auch keine Nachtigall ist, und ich musste ab und zu den Empfindungen Ausdruck verleihen, die mich fast erstickten.«

Es gehört zu den besonderen Lebensführungen ihres Gottes, dass die Dichterin und Sängerin bis ins hohe Alter schöpferisch tätig sein konnte. Die weltweite Gemeinde Jesu Christi verdankte ihr eine kaum übersehbare Fülle von geistlichen Gedichten und Liedern.

Besonders reich gesegnet wurde Dora Rappard in dem wohl schönsten Arbeitsfeld ihres Lebens, das viele Jahre lang alle anderen durchwoben hat: in ihrer eigenen großen Familie.

Zu der gehörte zunächst nur Samuel, der kleine Schwarze vom Weißen Nil. Er lebte sich schnell auf St. Chrischona ein, auch wenn es ihm ständig zu kalt war und er eigentlich immer fror, selbst an warmen Sommertagen. Der Junge arbeitete zunächst als Hilfskraft in der Schreinerei, besuchte dann unten in Riehen eine Schule für taubstumme Kinder, in der dem Jungen wegen seiner noch geringen Deutschkenntnisse besser geholfen werden konnte als in einer regulären Schule für Schweizer Kinder. Die Entscheidung für diese Schule erwies sich als richtig, denn Samuel machte durch die intensive Betreuung bald deutliche Fortschritte im Gebrauch der deutschen Sprache, und er war glücklich dabei.

Die Hoffnung, dieser fröhliche Junge könne eines Tages als Missionar in sein Volk zurückkehren, sollte sich allerdings nicht erfüllen. Zwar lernte er Jesus mehr und mehr kennen und lieben und hätte sich wohl auch gerne eines Tages zum Evangelisten und Missionar für sein Volk ausbilden lassen. Aber leider war diesem afrikanischen Pflegesohn kein langes Leben beschieden, und er durfte nicht lange stolz sein auf seine beiden weißen Geschwister, die inzwischen im »Kirchheim« auf St. Chrischona geboren waren. Wie aus heiterem Himmel befiel ihn eines Vormittags in der Schule eine schwere Bronchitis. Diese Erkältung wuchs sich sehr schnell zu einer heftigen Lungenentzündung aus, die der Junge nicht überlebte. »Ich fürchte mich nicht«, versicherte er auf seinem schweren Krankenlager. »Jetzt gehe ich bald zum Heiland«, gehörte zu seinen letzten Worten, bevor er am 2. August 1871 wirklich zu seinem Heiland ging.

Diese Glaubensworte des Jungen waren seinen Pflegeeltern ein starker Trost in der Trauer um ihn. Wie hatte er noch vor kurzem nach Khartum geschrieben?

»... Ach lieber Thomas, mein Bruder! Ja, ich gewesen in Chartum sehr böse; aber ich nicht kennen Heiland gut, ich immer stehlen und lügen, und so machen dumm. Ach, lieber Herr Duisberg! Du mir immer sagen, aber ich nicht verstanden in dem Kopf. Ich jetzt aber besser; ich kennen Heiland mehr als in Chartum. ... Ich in Europa auch recht Christ werden, ich muss gehen Heimat und finden Vater und Mutter und Bruder auch ... Ich auch gehen in die Kirche und ein wenig verstanden, aber nicht so viel. Ein Gruß für die Lehrer und für dich, Samuel.«

Vielleicht war die Trauer um diesen Jungen schon so etwas wie eine Vorbereitung auf ähnliche Ereignisse, die die Rappards noch erleben sollten. Dora durfte zehn Kindern das Leben schenken. Acht von ihnen konnte sie eine liebevolle und fürsorgliche Mutter sein. Trotz ihrer vielfältigen Arbeit für das Chrischona-Werk fand sie immer Zeit, sich ihren Töchtern und Söhnen zu widmen. Von der Mutter hörten die Kinder die ersten biblischen Geschichten. Von ihr lernten sie ihre ersten geistlichen Lieder. Mit ihr lernten sie füreinander zu beten, und für Vater und Mutter, für die Menschen und die Arbeit auf dem Berg und für die weltweite Gemeinde des guten Heilands.

Hauptsächlich die Mutter trug und begleitete ihre zahlreichen Kleinen durch ihre Kindheit und die Heranwachsenden durch ihre Jugend. Der Vater war ja noch stärker beschäftigt und häufig nicht zu Hause. Dora nahm die kindlichen Nöte und die Probleme ihrer Jugendlichen immer verständnisvoll auf und begleitete sie mit ihren Gebeten und mit zukunftsweisendem Rat, solange die Kinder diesen Rat anzunehmen bereit waren.

In der ersten Etage im Haus »Kirchheim« und später in der Karthausgasse Nr. 42 in Basel herrschte ein wunderbares Familienleben, das sich mancher Freund und Besucher des Hauses und auch mancher Absolvent von Chrischona zum Vorbild für sein eigenes nahm.

Leider mussten die Rappards zwei ihrer Söhne bald nach der Geburt an den Herrn über Leben und Tod wieder abgeben. Dabei war das Wissen ein Trost für sie, dass Gott keine Fehler macht und dass Loslassen und Abgeben seinen festen Platz in jedem Menschenleben hat, auch im Leben eines Kindes Gottes.

Was hatte Dora nicht schon alles loslassen und abgeben müssen in ihrem Leben, nur vorübergehend oder auch für immer! Und was musste sie nicht noch alles loslassen und abgeben in reiferen Jahren bis ins hohe Alter. Die verschiedenen kleinen Heimaten und Aufenthaltsorte ihrer Kinder- und Jugendjahre, die geliebte Heimat Jerusalem im fernen Palästina, ungezählte liebgewordene Menschen aus der eigenen Familie und einem internationalen großen Freundeskreis, vor allem und allen die geliebten Eltern, die beide im Jahr 1879 im Abstand von nur elf Wochen in Jerusalem starben. Dann auch die verehrte Schwiegermutter Marie Rappard-de Rham, die sich auf St. Chrischona das Haus »Friedau« hatte bauen lassen, in dem sie bis zu ihrem Tod noch einige Jahre mit einigen ihrer Kinder in der Nähe ihres Sohnes Carl Heinrich gelebt hatte. Vor ihr mussten bereits Louis und Mina, zwei ihrer Töchter, aus diesem Haus getragen werden, weil sie eine tückische Krankheit nicht überlebten. Auch Schwägerin Dora trug großes Leid um diese beiden.

Ihren hoffnungsvollen, begabten Sohn August loszulassen, fiel Dora besonders schwer. Denn der Tod dieses erwachsenen Kindes kam völlig unerwartet. Im Mai 1894 musste ihr Mann die Bemerkung »Versetzt in Jesu Reich«, die er vor Jahren nach dem Tod der kleinen Menschlein Johannes und Paulus mit zitternder Hand in die Familienbibel eingetragen hatte, noch einmal schreiben, als August im Alter von nur zwanzig Jahren nach einer zu spät erkannten Blinddarmentzündung in der Universitätsklinik Göttingen in den Armen seiner Mutter starb und in die Ewigkeit ging. Unbegreiflich und unendlich schmerzvoll. Die trauernde Mutter musste es einmal mehr lernen: Gottes Wege mit seinen Leuten sind zuweilen nicht zu verstehen. Dennoch ließ er sie auch in einer der dunkelsten Stunden ihres Lebens nicht allein.

Als Dora zu Hause weinenden Herzens den zuletzt von ihrem Jungen getragenen Anzug aufräumte, fand sie in einer der Taschen ein Lied, das ihr in dieser schweren Zeit zum großen Trost wurde. Irgendwann hatte August dieses Lied kennen gelernt, und es war ihm wohl wichtig geworden:

»Fort, fort, mein Herz, zum Himmel!
Fort, fort, zum Himmel zu!
In diesem Weltgetümmel ist für dich keine Ruh.
Wo Gottes Lämmlein weidet,
ist eine Stätt' bereitet:
da, da ist deine Ruh; fort, fort zum Himmel zu!
...
Jedoch soll mein Verlangen in deinem Willen ruhn,
mein Herz soll an dir hangen und was du sagest, tun.
Ich will hier wartend stehen,
bis mich dein Mund heißt gehen:
›Fort, fort zu deiner Ruh, fort, fort zum Himmel zu!‹«

Vielleicht hatte der junge Mann ja in einer gewissen Vorahnung, dass sein Lebensweg bald zu Ende ginge, den Text notiert und bei sich getragen, damit er sich selbst seiner Lebensrichtung immer wieder vergewissern konnte. Jedenfalls war es für seine Eltern und Geschwister nach seinem Ende ein gewisser Trost: Ruhe für die Leute Gottes gab es nur im Himmel, hatte August erkannt. Die Erinnerung an diese Wahrheit aus dem Hebräerbrief machte es Dora Rappard leichter, mit dem Leid um den Sohn umzugehen.

Später musste die vielfache Mutter lernen, auch die anderen Kinder eins nach dem andern abzugeben, wenn sie als Erwachsene ihre eigenen Wege gingen, gottlob alle in den Spuren Jesu und einige von ihnen auch in den hauptamtlichen Dienst. Dabei wurde der vermeintliche Verlust wohl immer zum Gewinn, denn einige der Töchter brachten prächtige Schwiegersöhne ins Haus und der verbliebene Sohn eine gute Schwiegertochter. Mit den Jahren kam eine große Enkelschar dazu. War Dora als Mutter nicht mehr gefordert, war sie es als Großmutter, wenn die Enkel zu Besuch waren oder umgekehrt die Großeltern ihre Kinder besuchten. Die Töchter, die unverheiratet blieben, traten als Ledige in geistliche Dienste. Auch das war den Eltern ein großer Gewinn.

Als »Mutter« blieb Dora ohnehin immer gefordert, solange sie auf St. Chrischona wohnte. Eine ihrer Töchter wurde einmal gefragt: »Hast du auch Brüder?« Die Antwort des Mädchens war bezeichnend: »O ja, ungefähr hundert.« Die Kleine hatte immer wieder erlebt, dass ihre Mutter vielen jungen Männern auf dem Chrischona-Berg als »Mutter« begegnete. »Frau Inspektor«, wie sie genannt wurde, hatte immer Zeit, wenn einer der jungen Männer in der Predigerausbildung oder in einer der Werkstätten eine Frage, eine Sorge hatte oder wenn er an Heimweh litt. Dann gab sie gerne Rat und trocknete zuweilen auch Tränen. Wenn jemand krank war, kümmerte sie sich persönlich um den Patienten, saß am Krankenbett, tröstete und sprach Mut zu. Im Leben von mehr als tausend Brüdern hat Dora Rappards mütterliches Wesen unvergessliche Spuren hinterlassen.

In diesem Lebensbereich war sie ihrem Mann eine ebenso treue Gehilfin wie in allen anderen auch. Sie liebte es, wenn ihr Mann sie so nannte. In allem Heinrichs Gehilfin sein, das hatte sie vom Anfang ihrer Beziehung an gewollt. Gehilfin sein als Dienerin, das hatte von Beginn ihres gemeinsamen Weges ihre Bestimmung sein sollen. So, wie Dora das »Frauenrecht« einmal selbst in Verse gesetzt hat, so hat sie es auch gelebt:

»Das Recht, zu dienen und zu leben,
das Recht, Barmherzigkeit zu üben,
das Recht, die Kindlein sanft zu hegen,
zu ziehen, lehren, mahnen, pflegen,
das Recht, wenn alles schläft, zu wachen,
das Recht, im Dunkel Licht zu machen,
das Recht, gekrönt mit sanfter Würde,
zu tragen andrer Last und Bürde,
das Recht, wenn trübe Zweifel walten,
den Glauben fest und treu zu halten,
das Recht, ohn' Ende zu verzeihn,
das Recht, ein ganzes Weib zu sein,
voll wahrer Güte, fromm und echt,
das ist das schönste Frauenrecht!«

Die sieben Jahre des Familien- und Arbeitslebens in Basel mit etwas veränderten Aufgaben – Heinrich wurde 1883 für seine evangelistischen Dienste und Reisen freigestellt, blieb aber Inspektor des Werkes – waren nur eine Pause im Blick auf Doras Mutterrolle für die Brüder auf Chrischona. Als die inzwischen kleiner gewordene Familie 1890 auf den Berg zurückkehrte, war bald wieder alles beim Alten. Die Schar der Brüder hatte ihre »Mutter« wieder in erreichbarer Nähe und erfuhr neu, wie sie ihr »schönstes Frauenrecht« in praktisches Leben umsetzte, zur eigenen Freude und vielen zum bleibenden Gewinn.

Dora Rappard war in vieler Hinsicht eine reiche Frau, eine

sehr reiche Frau sogar, begabt und beschenkt, die ihre Fähigkeiten und Fertigkeiten nie für sich selbst verwendete, sondern immer für die wichtigste Sache der Welt. Für das Reich Gottes und für die Arbeit in seinem Weinberg konnte der Einsatz auch der besten aller ihr anvertrauten Talente nie gut genug sein. Was sie in Demut angenommen hatte, gab sie gerne in Demut weiter an jeden, der ihr in irgendeiner Weise anvertraut oder auch nur in den Weg gestellt war. Geben war ihr Prinzip, und schenken zu können machte sie glücklich. Das lag wohl auch daran, dass sie stets von der Erfahrung lebte, dass Gott sich nichts schenken lässt, sondern jeglichen Einsatz nach Matthäus 25,21 vielfältig bestätigt. »Ei du fromme und getreue Magd, du bist über wenigem getreu gewesen; ich will dich über viel setzen …«

Dora Rappard blieb auch mit zunehmendem Alter »über viel gesetzt«. Ihre Aufgaben wurden nicht weniger. Auch nicht, nachdem sie die wohl schwerste Zeit ihres Lebens zu bestehen hatte.

Am Samstag, dem 18. September 1909, brach Heinrich Rappard zu einer Dienstreise nach Deutschland auf. Er sollte bei einer Gemeinschaftskonferenz in Siegen in Westfalen Vorträge halten. Über Frankfurt, wo er die Familie seiner Tochter Elisabeth Simon kurz besuchte, führte ihn die Reise zunächst nach Gießen. Dort leitete er im reich geschmückten Saal des Vereinshauses mit den ersten Versen des 103. Psalms das Erntedankfest ein: »Lobe den Herrn, meine Seele, und was in mir ist, seinen heiligen Namen. Lobe den Herrn, meine Seele, und vergiss nicht, was er dir Gutes getan hat …«

Am Abend dieses Sonntags hielt er eine Predigt über »Jesus, das Licht der Welt«, diktierte am nächsten Tag nach einer etwas schwierigen Nacht einen langen Brief an seine geliebte treue Gehilfin Dora, wobei er die Anschrift allerdings selbst schrieb. Er wollte seine Frau mit einer fremden Schrift auf dem Umschlag seines Briefes nicht erschrecken.

Am Montagabend hielt Inspektor Rappard noch eine Predigt über das »Hohelied des Glaubens in Römer 8« und zog sich dann bald in sein Zimmer zurück. Er fühle etwas Beklemmung auf der Brust, aber der Heiland werde ihm schon helfen. Am kommenden Morgen erschien er nicht zum Frühstück, und als seine Gastgeber nach ihm sahen, fanden sie ihn tot im Bett. Er war in der Nacht eingeschlafen, um in der Herrlichkeit seines treuen Heilands wieder aufzuwachen. Der Kalender zeigte Dienstag, den 21. September. »Er gibt Sieg! Er führt zur Herrlichkeit!«, waren die letzten Worte, die er abends noch auf einem Zettel notiert hatte. Ein wunderbares stilles Nach-Hause-Gehen dieses Gottesmannes!

Seine Dora kam gerade noch rechtzeitig, um noch eine Weile an seinem Totenbett zu verbringen. Schwer getroffen von diesem Leid konnte sie dennoch schreiben: »Ein Ausdruck hoher, triumphierender Freude lag auf dem schönen Antlitz. Er hatte sich immer gewünscht, im Amte stehend zu sterben. Sein König hat ihm die Bitte gewährt, und mitten im heißen Schmerz musste ich mich für ihn freuen. Aber das Heimkommen ohne ihn war bitter, und das Weiterleben ohne ihn wird nur versüßt durch die Nähe des Herrn, durch die zartfühlende Liebe meiner Kinder und durch die Gemeinschaft im Geist, die kein Tod trennen kann.« Wie so oft in ihrem Leben formten sich Doras Empfindungen wieder zu Versen, in denen sie ihre Hoffnung ausdrückte:

»Alles, alles Irdische vergehet,
Blume welkt, der Wind darüber wehet.
Freude wechselt über Nacht mit Leiden;
auch vom Liebsten muss die Liebe scheiden:
Du aber bleibest!

Du, mein Heiland, Fels der Ewigkeiten,
du stehst unbewegt im Strom der Zeiten.
Wer in dir die Heimat hat gefunden,
rühmt es, wenn ihm alles sonst entschwunden:
Du aber bleibest!«

Vor nicht ganz 42 Jahren hatte Samuel Gobat seiner Tochter und dem Schwiegersohn einen Vers aus Psalm 119 mit auf den Weg der Ehe gegeben: »Deine Gnade müsse mein Trost sein, wie du deinem Knecht zugesaget hast.« Hatte sich dieses Wort auf dem langen gemeinsamen Lebensweg der beiden Eheleute immer wieder bewährt, so bewährte es sich in den Tagen des Abschiednehmens von dem geliebten Mann und des Schmerzes über den Verlust des wertvollsten Menschen ganz besonders. »Die Gnade, die wir in den sonnigen Tagen des Glücks zu unserm Trost gewählt haben, hat nicht versagt. Sie ist in der dunklen Stunde des Leides mein überschwänglicher Trost«, schrieb Dora.

Sie durfte ihren Mann um vierzehn Jahre überleben. Der Mann Gottes war ihr genommen. Sie brauchte nun nicht mehr seine Gehilfin zu sein. Aber der Gott ihres Mannes blieb ihr. Und dessen »Magd« wollte sie bleiben und ihm auch weiter dienen, solange er ihr die Zeit und die Kraft dazu gab. Ihre Tage waren also auch künftig ausgefüllt mit Arbeit. Die Verantwortung für das Chrischona-Werk wurde ihrem Schwiegersohn Friedrich Veiel und ihrer Tochter Emmy, seiner Frau, übertragen, die gerne den Rat der Mutter einholten. Die alte Dame blieb ohnehin für die Menschen auf dem Berg die verehrte Frau Inspektor. Eine Zeit lang verwaltete sie auch noch gerne das Kassenwesen des Werkes.

Die meisten Stunden aber verbrachte sie an ihrem Schreibtisch mit schriftstellerischer Arbeit. Neben der Biografie ihres Mannes entstand eine Reihe weiterer Bücher, die eine gute Verbreitung fanden und vielen Menschen zum Segen wurden.

Wenn Dora nicht schrieb, betete sie. »Die große aktive Arbeit unseres Lebens hat bis zu einem gewissen Grade aufgehört, uns bleibt mehr Zeit als früher zum Gebet. Unsere Kraft hat in manchem Stück abgenommen, aber rufen, schreien, beten können wir noch; können es vielleicht besser als je zuvor.« Diese segensreiche Erkenntnis setzte sie nach Kräften in die Tat um.

Die letzten Wochen ihres langen Lebens verbrachte Dora in zunehmender Schwäche, die sie mit großer Geduld und fester Gewissheit ihres nahen, seligen Heimgangs zu Gott ertrug. Als sie die Zeit des Abschieds spürte, bat sie ihre Töchter, die ihr auf dieser letzten Wegstrecke beistanden, um das Lied »O sel'ge Erlösung«, das sie vor Jahren selbst aus dem Englischen übersetzt hatte. Und so sangen sie ihrer sterbenden Mutter, so weit ihre tränenerstickten Stimmen es zuließen:

»Dich preis ich im Leben, dir jauchz ich im Tod,
du starker Erlöser, mein Herr und mein Gott!«

Am Morgen des 10. Oktober 1923 war Dora Rappards irdischer Auftrag erfüllt. Sie durfte die Wahrheit erfahren, die der Seher Johannes einst aufgeschrieben hatte:

»Selig sind die Toten, die in dem Herrn sterben von nun an. Ja, der Geist spricht, dass sie ruhen von ihrer Arbeit; denn ihre Werke folgen ihnen nach« (Offenbarung 14,13).

Nachwort des Autors

Dieses Buch beansprucht nicht, eine Biografie Dora Gobat-Rappards, der »Mutter von St. Chrischona«, zu sein. Es war nicht das Interesse des Autors, eine detaillierte Lebenschronik dieser besonderen Zeugin des Glaubens und des Dienstes zu schreiben. Das haben bereits die Tochter Emmy Veiel-Rappard und Friedhelm Rudersdorf getan – beide Biografien im Brunnen Verlag Gießen erschienen, zuletzt 1966 bzw. 1963. Ebenso Anna Katterfeld (»Dora Rappard – Das Leben einer mütterlichen Frau«, Acker-Verlag, Berlin 1938). Diese Bücher sind nach wie vor lesenswert.

Mir ging es darum, in meinem Buch einzelne prägnante Wesenszüge dieser besonderen Frau in ihrer Entwicklung erzählend zu beschreiben. Die jeweiligen Ereignisse sind dabei dem Quellenmaterial entnommen und somit authentisch. Sie sind dann freilich mit schriftstellerischer Freiheit gestaltet, in bewegte Handlung und in Dialoge gekleidet worden. Die 55 Jahre des Lebens und Wirkens auf St. Chrischona brauchten keinen breiten Raum mehr einzunehmen, da die beschriebenen Wesenszüge Dora Gobat-Rappards bei ihrem Einzug ins Brüderhaus, danach ins »Kirchheim« neben dem Kirchlein und später ins »Friedau« entfaltet waren. Ihr Leben und Wirken dort ist den angegebenen Quellen besser zu entnehmen, als ich es hier auf begrenztem Raum hätte darstellen können. Man mag dazu auch ihre Biografie ihres Mannes lesen (»Carl Heinrich Rappard – Ein Lebensbild«, Brunnen Verlag, Gießen 1910/1983). Auch dieses Buch ist immer noch lesenswert.

Gerne hätte ich in meiner Romanbiografie mehr der bedeutsamen Aussprüche Dora Gobat-Rappards sowie Auszüge ihrer immer noch aussagekräftigen umfangreichen geistlichen Lyrik verwendet und zitiert. Leider enthalten die mir vorliegenden Quellen in den weitaus meisten Fällen keine Jahreszahlen, die auf ihre Entstehungszeit schließen lassen. Ich habe deshalb weitgehend darauf verzichtet, solche Texte in einzelne Szenen einzubauen oder sie zu zitieren. Ich verweise gerne auf den Band von Klaus Haag, »Dora Rappard – Er hat mich Freund genannt« (Winteler, Bettingen/Johannis, Lahr 1998), mit einer Textauswahl der Schriftstellerin Dora Rappard und Hinweisen auf weitere Sammlungen ihrer Texte.

Mein Wunsch ist es, dass dieser Lebensroman dennoch dazu dient, dieser besonderen Frau den Platz zukommen zu lassen, der ihr gebührt, und dabei dem Gott, dem sie gelebt und gedient hat, allein die Ehre zu geben. Letzteres geschehe hier nun doch mit der ersten Strophe eines ihrer Lieder, datiert auf 1875, das im Gnadauer Gemeinschaftsliederbuch »Jesus – unsre Freude«, Brunnen Verlag, Gießen 1995, unter der Nummer 239 nachzulesen ist:

»Lob soll dir erschallen,
unser Gott und Herr!
König, nimm von allen
Preis und Dank und Ehr!
Du hast große Dinge
auch an uns getan:
Unser Loblied klinge
freudig himmelan.«

Weitere Titel
von Lothar von Seltmann

Clara und Franz

Aber die Liebe siegt

196 S., gebunden,
ISBN 3-7655-1854-9

Clara und Franz haben sich schon in der Schulzeit gemocht. Als er aus dem Krieg heimkehrt, sehen sie sich wieder. Gegen den Willen seiner Eltern heiraten sie und ziehen zu ihnen auf den Hof. Doch kann ihre Ehe unter dem Druck bestehen? Eine Geschichte voll Tragik und Hoffnung – über die Kraft der Liebe.

BRUNNEN VERLAG GIESSEN
www.brunnen-verlag.de

Peter & Gustchen

Hand in Hand durchs Leben

224 S., gebunden,
ISBN 3-7655-1883-2

Peter, der Maler, findet seine große Liebe: Auguste, zärtlich »Gustchen« genannt. Doch in Saarbrücken, im Grenzgebiet zwischen Deutschland und Frankreich ist das Leben nicht immer einfach. Der erste Weltkrieg und die Weltwirtschaftskrise, die Herrschaft der Nazis und der Zweite Weltkrieg greifen auch in ihr Leben ein. Aber die praktisch veranlagte Auguste sorgt dafür, dass die Familie wirtschaftlich über die Runden kommt und die Kinder eine gute Ausbildung erhalten.

BRUNNEN VERLAG GIESSEN
www.brunnen-verlag.de